Ruptura no modelo tradicional das empresas

Clovis Bergamo Filho (org.)

Ruptura no modelo tradicional das empresas

10 grandes especialistas ajudam a desvendar as mudanças que estão impactando sua organização

BRASPORT

Editor: Sergio Martins de Oliveira
Gerente de Produção Editorial: Marina dos Anjos Martins de Oliveira
Editoração Eletrônica: Abreu's System
Capa: Use Design

Dados Internacionais de Catalogação na Publicação (CIP)
Agência Brasileira do ISBN – Bibliotecária Priscila Pena Machado CRB-7/6971

R947 Ruptura no modelo tradicional das empresas : 10 grandes especialistas ajudam a desvendar as mudanças que estão impactando sua organização / org. Clovis Bergamo. – Rio de Janeiro: Brasport, 2019.
216 p. ; 24 cm.

Inclui bibliografia.
ISBN 978-85-7452-921-9

1. Administração de empresas. 2. Planejamento empresarial. 3. Negócios. 4. Desenvolvimento organizacional. 5. Sucesso nos negócios. I. Bergamo, Clovis. II. Título.

CDD 658.4

BRASPORT Livros e Multimídia Ltda.
Rua Teodoro da Silva, 536 A – Vila Isabel
20560-005 Rio de Janeiro-RJ
Tels. Fax: (21)2568.1415/3497.2162
e-mails: marketing@brasport.com.br
vendas@brasport.com.br
editorial@brasport.com.br
www.brasport.com.br

Filial SP
Av. Paulista, 807 – conj. 915
01311-100 São Paulo-SP

Agradecimentos e Dedicatórias

Clovis Bergamo Filho
Dedico este livro especialmente a minha esposa Patrícia Sousa Gomes de Oliveira Bergamo, minha filha Sophia Oliveira Bergamo e meus pais Clovis Bergamo e Carmen Duva Bergamo e meus sogros Sergio Gomes de Oliveira e Rute de Sousa Gomes de Oliveira e todos os meus familiares e profissionais que sempre me apoiaram e incentivaram nessa jornada.

Wellington Santos de Oliveira
Agradeço, primeiramente, a Deus, que me deu instrução e dom para fazer um trabalho com tanta qualidade, e também aos meus amigos e familiares por ter dado apoio na minha longa jornada de estudos e aprimoramento de minhas habilidades. Não posso deixar de citar todos os meus professores e clientes que de alguma forma contribuíram para o meu desenvolvimento.

Maria Gabriela Duva
Agradeço a minha mãe, Maria Regina de Moura Coutinho Duva, por todo o amor, a dedicação e o investimento na minha educação. "A educação é o bem mais precioso que podemos passar para nossos filhos". E, por fim, agradeço ao meu primo, Clóvis Bergamo Filho, por todo o apoio e incentivo.

Luís Oliveira
Dedico com amor para Cristiane e Thais pela paciência, incentivo e cumplicidade.

Adélio Pereira de Souza Júnior
Agradeço ao Clóvis Bergamo, que trouxe a oportunidade para que pessoas de distintas especialidades pudessem participar na elaboração do projeto deste livro. Também agradeço a todos os que me ensinaram ao longo de minha trajetória, quer através de exemplos ou palavras, e estes foram muitos: clientes, fornecedores, professores, colegas, etc. Enfim, o aprendizado é contínuo, assim como meus agradecimentos.

Alex Urbano
Gratidão aos mestres que tive em minha vida e que me ajudaram a enxergar um novo caminho quando eu só enxergava escuridão.

Carlos Lara
Agradeço à minha esposa Cristina e ao meu filho Pedro pelo constante apoio, motivação e compreensão, e à minha mãe Conceição, por sempre acreditar em mim. Vocês são os grandes impulsionadores da minha carreira.

Thiago Coutinho de Oliveira
Agradeço a todos que contribuíram direta ou indiretamente na construção deste conteúdo, em especial todos os *stakeholders* que participaram da minha trajetória empresarial e me permitiram viver experiências que serviram de inspiração para serem compartilhadas.

Ricardo Cancela
Tudo na vida tem um porquê, principalmente quando se gosta e se planta. Como reconhecimento, quero agradecer a oportunidade de participar em coautoria neste maravilhoso livro, a convite do Clovis Bergamo da SixSigma e do Sergio Martins da Brasport, e como base e apoio minha família, que desde o início vem incentivando, e como resultado hoje já escrevo em mídias digitais e impressas pelo Brasil afora, bem como em coautoria também em outros livros, inclusive com a HSM.

José Rubens Moreira Tocci
Dedico este capítulo a todos os profissionais que comigo trabalharam, sempre com dedicação, lealdade e competência; também aos meus pais (Nancy e Rubens), que tão bem me prepararam para a vida; minha esposa (Ana Claudia), companheira fiel, inspiração e motivação para todos os momentos; e meus filhos (Mariana e Pedro), que me dão a certeza de que o mundo estará bem cuidado.

Prefácio

Este livro, que reúne textos de autores que – há mais ou menos tempo – participam como conferencistas do Congresso Internacional Six Sigma, chega ao público no início de um novo governo, eleito após um processo eleitoral exaustivo e polarizado, durante o qual a postura amena cedeu lugar a posições extremadas por parte de defensores das duas candidaturas que chegaram ao turno final da disputa presidencial.

Definida a eleição, seguiu-se um período, que se estendeu do fim da eleição à posse do novo presidente, em que o noticiário ficou, como é natural, recheado de especulações referentes aos ocupantes dos cargos de primeiro escalão e a respeito das principais diretrizes da política econômica.

Nesse segundo aspecto, houve uma compreensível ênfase em questões macroeconômicas e em resultados esperados para o curto prazo.

Por que compreensível?

Em primeiro lugar porque, embora o Brasil tenha superado desde a implementação do Plano Real em 1994 a fase de níveis não civilizados de inflação, ainda há um resíduo de cultura inflacionária. A preocupação obsessiva com a sobrevivência e um extraordinário "curto prazismo" são algumas das características dessa cultura. Em um parágrafo esclarecedor de um texto escrito em 1992, Eduardo Giannetti sintetiza o que era viver nesse contexto:

> A convivência com a inflação é uma escola de oportunismo, imediatismo e corrupção. A ausência de moeda estável encurta os horizontes do processo decisório, torna os ganhos e perdas aleatórios, acirra os conflitos pseudodistributivos, premia o aproveitador, desestimula a atividade produtiva, promove o individualismo selvagem, inviabiliza o cálculo econômico racional e torna os orçamentos do setor público peças de ficção contábil.

Em segundo lugar porque, com exceção dos xiitas e dos economistas heterodoxos, que, segundo Ana Carla Abrão, "fazem contas igualmente heterodoxas – e erradas", há consenso sobre a necessidade urgente de reduzir o déficit público, para o que será fundamental promover a reforma da Previdência.

Nessas análises, que se constituem em esmagadora maioria, a busca de maior equilíbrio fiscal é vista como um pré-requisito para a retomada do crescimento econômico.

Em "Apelo à razão", excelente livro lançado pela Record no segundo semestre de 2018, Fabio Giambiagi e Rodrigo Zeidan chamam a atenção para diversos fatores que nos prendem à "armadilha da renda média, a condição de países que lograram sair da pobreza mas empacaram, não conseguindo dar o salto seguinte para se tornarem países desenvolvidos".

No referido livro, os autores lembram que muitos dos esforços tentados no Brasil nas últimas décadas tiveram – quando muito – efeito passageiro, com o rápido retorno a uma situação igual ou muito próxima da que se pretendia melhorar.

Esse fenômeno fica claro na afirmação de Cássio Casseb, conhecido executivo do mercado financeiro: "o Brasil é um país onde você passa quinze dias fora e muda tudo, mas passa quinze anos fora e não muda nada".

Admitindo a necessidade de tentar aprovar logo no início as reformas fiscal e previdenciária, espera-se que o novo governo dê atenção, simultaneamente, a questões microeconômicas que serão de fundamental importância para permitir o aumento da produtividade dos nossos agentes econômicos e, em consequência, a recuperação em bases sustentáveis e de longo prazo da competitividade da economia brasileira.

Algumas dessas ações encontram-se umbilicalmente ligadas, como, por exemplo, a necessidade de promover uma simplificação tributária, que terá tanto efeito macroeconômico (reduzindo o custo e aumentando a eficiência da máquina arrecadadora) como microeconômico (reduzindo a pressão sobre os contribuintes).

Além da simplificação tributária, é necessário continuar, acelerar e aprofundar as ações com vistas a melhorar o ambiente de negócios no país, com medidas que reduzam o excesso de regulamentação e provoquem ampla desburocratização dos procedimentos relacionados à abertura, ao funcionamento e ao fechamento de empresas. Ainda que o Brasil tenha melhorado no *ranking* da pesquisa *Doing Business*, realizada pelo Banco Mundial, subindo 16 posições no último relatório, é forçoso reconhecer que nossa posição continua muito aquém de nosso potencial, uma vez que estamos abaixo de diversos países sul-americanos e de outros de renda comparável à nossa nos três mais relevantes estudos dessa natureza: o *Doing Business*, do Banco Mundial, que reúne 190 países; o *World Competitiveness*, do Fórum Econômico Mundial, que reúne 140 países; e o estudo promovido pelo *Institute of Managerial Development* (IMD), que reúne 61 países.

Se conseguirmos avançar nesses aspectos, repito, estaremos contribuindo para a elevação da produtividade dos nossos agentes econômicos, para a recuperação da competitividade da economia brasileira e, assim, pavimentando a estrada que liga o curto e o longo prazo na busca de um crescimento sustentável.

Evidentemente, a par dessas ações no campo da economia, o novo governo terá que adotar ações inteligentes em setores complementares e igualmente fundamentais, tais como saúde, segurança, infraestrutura, política externa e educação, cujos resultados, muitas vezes, custam a aparecer.

De todos esses setores, merecem destaque especial, a meu juízo, as ações no campo da educação, em que, convenhamos, o desafio que o país tem pela frente é enorme, uma vez que nossos estudantes continuam ocupando posições medíocres nos testes internacionais de educação comparada, dos quais o mais conhecido é o *Programme for International Student Assessment* (PISA)[1].

Para não ser injusto, é preciso reconhecer que houve um avanço considerável em termos de acesso à educação básica. Tal avanço ocorreu principalmente na gestão de Fernando Henrique Cardoso, cujo ministro da Educação era o prof. Paulo Renato de Souza, quando o índice de matrículas de crianças em idade escolar saltou para 97%, número comparável ao de nações altamente desenvolvidas. Esse avanço em termos quantitativos, porém, não foi acompanhado por um avanço proporcional em termos qualitativos e, em decorrência disso, um dos maiores – senão o maior – desafios é melhorar consideravelmente o nível de qualidade das nossas escolas públicas e privadas, já que, com exceção de ilhas de excelência, seguem oferecendo uma educação de baixo nível.

Para enfrentar desafio de tamanha magnitude, no entanto, é preciso ter um bom diagnóstico, separando bem os mitos e os fatos.

---

[1] Programa Internacional de Avaliação de Estudantes, uma iniciativa de avaliação comparada, coordenada pela Organização para Cooperação e Desenvolvimento Econômico (OCDE), aplicada de forma amostral a estudantes matriculados a partir do 7º ano do ensino fundamental na faixa etária dos 15 anos, idade em que se pressupõe o término da escolaridade básica obrigatória na maioria dos países.

Como bem observam Fabio Giambiagi e Rodrigo Zeidan, "é mito afirmar que gastamos pouco com educação. É o contrário, somos o segundo país de renda média que mais gasta com essa rubrica no mundo – apenas a Costa Rica gasta mais do que nós, em proporção do PIB".

Considerando, portanto, que o volume de investimento em educação no Brasil já é significativo, é preciso focar na qualidade desse investimento, buscando aquele que ofereça a melhor taxa de retorno social. E, de acordo com James Heckman, ganhador do Prêmio Nobel de Economia em 2000 e reconhecido mundialmente como uma das maiores autoridades no assunto, a maior taxa de retorno ocorre com os programas pré-natais.

Será necessário, nesse sentido, alterar a ênfase dos últimos governos que investiram ***proporcionalmente*** muito mais em educação superior do que em programas pré-natais e programas de primeira infância. Afinal, os benefícios sociais são muito maiores quando os investimentos ocorrem nos primeiros anos da vida das pessoas, ao passo que ***os benefícios privados são maiores nos investimentos em ensino superior e nos programas de capacitação profissional***.

Talvez resida nesse aspecto uma das maiores virtudes do livro "**Ruptura no modelo tradicional das empresas**", qual seja, de tratar de questões essenciais para o desenvolvimento do país, capazes de permitir que ele consiga superar a armadilha da renda média, tendo por pano de fundo os fatores fundamentais para o aumento da produtividade de nossas empresas e a recuperação da competitividade da nossa economia. Para tanto, o livro começa e acaba com capítulos que têm na educação seu principal foco, entremeado com capítulos que passam pelo impacto de novas tecnologias e de métodos de excelência em planejamento e gestão, indispensáveis às nações que pretendem ocupar lugar de destaque na ultracompetitiva economia mundial.

Ao concluir a leitura do último capítulo, reforcei minha convicção nas palavras do consagrado economista britânico Alfred Marshall, que no final do século XIX afirmou: "The most valuable of all capital is that invested in human beings".[2]

Boa leitura!

Luiz Alberto Machado[3]

---

2 "O mais valioso de todos os capitais é aquele investido em seres humanos." – Tradução do autor.

3 Economista e consultor, sócio-diretor da empresa SAM – Souza Aranha Machado Consultoria e Produções Artísticas. E-mail: <lasam.machado@gmail.com>.

Sumário

Introdução

Uma grande jornada profissional se inicia

O livro tem o objetivo de mostrar para os profissionais todos os corpos de conhecimentos que estão impactando as empresas ou vão impactar.

Todos os autores estão muitos contentes por terem a possibilidade de compartilhar o conhecimento que está disperso em vários locais e demanda um grande esforço dos profissionais para fazer essa coletânea de informações para geração de uma visão integrada e um entendimento claro.

Então, caro leitor, prepare-se para essa jornada na qual você passará por vários capítulos:

- Visão Macroeconômica do Cenário Global e Brasileiro e a Evolução no Modelo das Empresas
- *Blockchain*, SLA e Criptomoedas
- *Compliance*
- Gestão Estratégica e o Impacto no Resultado dos Negócios
- A Evolução Contínua dos Métodos de Excelência
- Xadrez, Pôquer e Projetos!
- Gestão de Custos em Programas de Excelência Operacional
- Revolução Digital e o Ensino sem Fronteiras
- Da Transformação Digital até a Inteligência Artificial
- Grandes Aprendizados de um Executivo

Após você ler este livro sua visão do mundo será muito mais abrangente.

Sucesso a todos nessa jornada que se inicia e boa leitura.

Clovis Bergamo Filho

1. Visão Macroeconômica do Cenário Global e Brasileiro e a Evolução no Modelo das Empresas

Clovis Bergamo Filho

Entendimento do cenário global

Por que o Brasil, que é nitidamente um dos principais atores globais, não assume uma postura compatível com o seu papel e fica recluso a uma posição de segunda instância?

Esse entendimento se faz com uma simples análise do GDP – *Gross Domestic Product* –; em português, Produto Interno Bruto, dos países. Ele indica que o Brasil tem uma grande representatividade no cenário mundial, conforme dados do Banco Mundial.

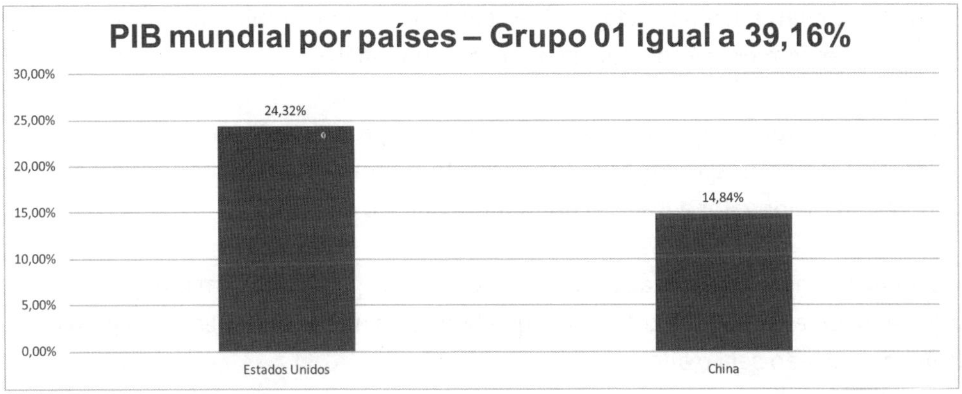

Fonte: Banco Mundial

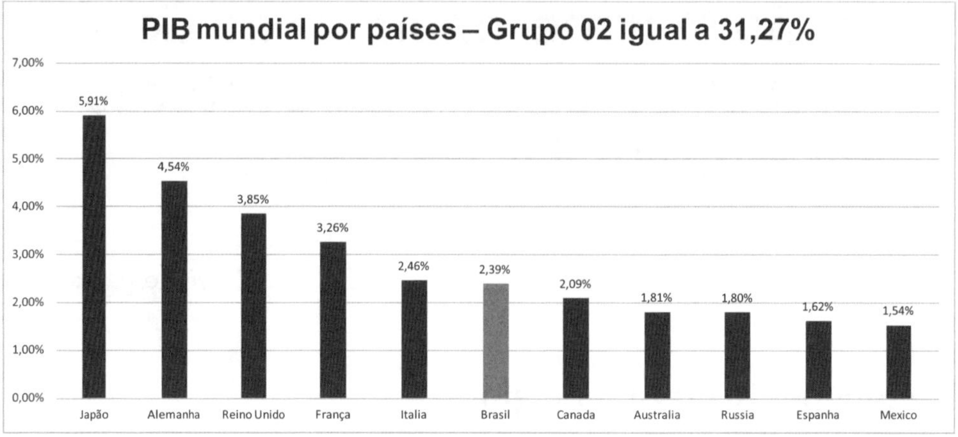

Fonte: Banco Mundial

Verifique que o Brasil representa 2,39% da economia mundial, enquanto países como Rússia aparecem com 1,8% e Espanha com 1,62%.

Acabamos não nos atentando a essas informações e sempre achamos que somos muito inferiores no cenário mundial.

Por isso, vale um recado a todos os brasileiros: nós somos muito importantes e devemos atuar com essa importância no mercado global.

Precisamos entender que a nossa economia tem problemas, mas também muitas coisas relevantes. O agronegócio, por exemplo, é uma delas. Somos os maiores provedores do maior valor agregado do mundo, que é o alimento.

Você deve sempre ter escutado que o nosso país não gera bens com um grande valor agregado. Questiono essa colocação: que bem gera maior valor agregado para o ser humano que não seja o alimento?

Visão do cenário global e a evolução do PIB (GDP)

O Brasil sempre teve um crescimento superior aos mercados tradicionais, como Estados Unidos, Japão e Europa, porém, nos últimos anos, essa curva se inverteu, gerando uma perda de atratividade para os investidores no mercado brasileiro.

O investidor faz uma análise simples para investir em mercados que estão em crescimento: qual gera maior segurança do retorno sobre o investimento feito?

Essa é uma visão do processo evolutivo do mercado brasileiro com base nas informações do PIB (GDP), que referencia o passado, e na bolsa de valores, que traz uma tendência de expectativas para o futuro.

Dessa forma, conseguimos entender que temos um cenário sistêmico de nosso país, com oscilações de grandes baixas e grandes altas, que são refletidas nos dois indicadores.

Estamos em um processo de retomada da economia, não com a velocidade que o país precisa, mas está clara essa tendência. Devemos nos preparar em todos os aspectos, tanto profissional como empresarial, para esse novo momento.

Nova fronteira: as criptomoedas já são uma realidade no mercado brasileiro e cada vez mais estarão presentes em nosso cotidiano.

A relação entre o PIB (GDP) e o número de patentes

Conforme podemos identificar, existe uma relevante relação entre o número de patentes e o PIB (GDP) das nações, o que demonstra efetivamente que estamos na era do conhecimento e, dessa forma, a educação do cidadão tem um papel fundamental no crescimento e desenvolvimento das sociedades.

Pedidos de patente, 2014			2017	
Posição	País	Pedidos de patente	Posição do PIB	% PIB
1	China	928.177	3	14,84%
2	EUA	578.802	1	24,32%
3	Japão	325.989	4	5,91%
4	Coreia do Sul	210.292	9	1,86%
5	Escritório de patentes da Europa	152.662	2	15,92%
6	Alemanha	65.965	5	4,54%
7	Índia	42.854	6	2,83%
8	Rússia	40.308	10	1,80%
9	Canadá	35.481	7	2,09%
10	Brasil	30.342	8	2,39%

Fonte: adaptado de <https://en.wikipedia.org/wiki/World_Intellectual_Property_Indicators> e Banco Mundial.

Com essas informações, começamos a entender o quanto temos a evoluir como sociedade.

Hoje muito se fala de inovação, porém não conseguiremos inovar se não ficar claro para toda a sociedade a importância de formalizar essa inovação em patentes, o que hoje é visto como um processo muito complexo.

> Quase 230 mil documentos estão na fila no INPI – Instituto Nacional da Propriedade Industrial – à espera de análise. O processo pode levar até 14 anos, de acordo com o segmento da invenção. É a maior demora do planeta para patentes.[4]

Fica muito claro que, se o conhecimento é fundamental para evolução de um país e a patente, a garantia de sustentabilidade e retorno sobre as inovações do conhecimento gerado, essa demora de até 14 anos no Brasil para formalizar o conhecimento representa enorme desafio a ser ultrapassado.

Temos uma demanda urgente para a revisão do processo de geração de patentes em nosso país para os padrões globais. Inovação só gerará resultado para o nosso país se esse assunto for resolvido.

Pessoalmente, quando trabalhava na Xerox Corp, filial Brasil, tive a oportunidade de desenvolver uma solução de troca de informações entre a empresa e seus fornecedores. Esse método passou por uma análise interna de validação de aplicabilidade sobre ser ou não ser patenteado e, depois de aprovado, tivemos a submissão e aprovação da patente em menos de um ano, já que o processo foi feito através da matriz da empresa nos Estados Unidos.

---

[4] DIFICULDADE para conseguir patente no Brasil causa prejuízos. **G1**, 26 dez. 2017. Disponível em: <http://g1.globo.com/jornal-nacional/noticia/2017/12/dificuldade-para-conseguir-patente-no-brasil-causa-prejuizos.html>. Acesso em: 10 jan. 2019.

US 20030036991A1

(19) **United States**

(12) **Patent Application Publication** (10) **Pub. No.: US 2003/0036991 A1**

Fortes et al. (43) **Pub. Date: Feb. 20, 2003**

(54) **METHOD AND APPARATUS FOR ENHANCING THE BUSINESS AND ENGINEERING COMMUNICATION BETWEEN A SUPPLIER AND A BUYER**

(75) Inventors: **Pedro Luiz Discacciati Fortes**, Sao Paulo (BR); **Nelson Alves Thomaz**, Sao Paulo (BR); **Clovis Bergamo Filho**, Sao Paulo (BR)

Correspondence Address:
Mark S. Svat, Esq.
Fay, Sharpe, Fagan, Minnich & McKee, LLP
7th Floor
1100 Superior Avenue
Cleveland, OH 44114-2518 (US)

(73) Assignee: **Xerox Corporation.**

(21) Appl. No.: **09/929,376**

(22) Filed: **Aug. 14, 2001**

Publication Classification

(51) **Int. Cl.**[7] **G06F 17/60**
(52) **U.S. Cl.** **705/37**

(57) **ABSTRACT**

In accordance with one aspect of the present invention, data is exchanged between a buyer and a plurality of suppliers via generating by a buyer a request for a quotation from at least some of the plurality of suppliers for the cost of a part or device. A determination is made if the request for the quotation will include attachments. When the request for quotation will include attachments, documents are generated wherein the request for quotation and attachments include both engineering and business documents. The determination is made as to which of a plurality of suppliers are to be provided with the request for quotation and attachments. An inquiry is then made as to whether all suppliers which are to be provided with a request for quotation and attachments are registered on the supplier on-line system. If a desired supplier is not presently on the system, the supplier is registered and a notification to the buyer is made upon the registration. Next a determination is made whether the request for the quotation is for a commodity part or device or it is for a non-commodity part or device. Thereafter, the buyer selects which suppliers are to receive the request for quotation pack, and the request for quotation pack is made available to the selected suppliers on the on-line system web site. The selected suppliers are then e-mailed alerting them that the quotation package is available at the web site.

Upon reviewing the web site, the supplier is able to download the request for quotation pack including the engineering and business information. Once the supplier has downloaded this information, and the e-mail is automatically generated to alert the buyer that such actions have occurred following an analysis of the request for quotation pack, the supplier is able to enter a quotation or bid by uploading information including additional documentation to the buyer via the web

Como podemos ver, o Brasil demora 14 anos, aproximadamente, para gerar uma patente e em outros países levam menos de 1 ano. Isso gera uma grande perda de competitividade para o nosso país.

Devemos ter um programa brasileiro de fomento a patentes, e todas as empresas locadas no Brasil deveriam ter o seu programa de fomento a patentes.

A academia/universidade deveria ter seus membros medidos não só pelo número de artigos publicados em revistas especializadas, mas também pelo número de patentes que a instituição gerou e, consequentemente, incrementou a competitividade de nosso país.

Não consigo entender como o Brasil só gera 30 mil patentes/ano com a enorme competência que temos em várias áreas.

Posso ser até muito audacioso em afirmar que geramos sim muita inovação, porém não formalizamos nada, pois o processo, como já verificamos, é muito moroso, complexo e não incentiva os atores a formalizar as inovações.

Esse cenário gera uma enorme perda de receita efetiva para o país.

Introdução e entendimento do cenário empresarial e sua evolução

No cenário atual, o maior valor agregado para as empresas é o conhecimento. Para chegar até aqui, passamos por um grande processo evolutivo, que não é percebido de forma tão clara. Meu objetivo é passar um detalhamento dessa evolução, pois, ao ter uma visão correta do que está acontecendo, é possível identificar o melhor caminho a ser tomado neste novo mundo.

O mundo corporativo passa por uma transformação drástica. Antes, o processo de gestão era baseado na experiência dos profissionais e não em metodologias claras e efetivas.

A estrutura organizacional está revolucionando de forma silenciosa o modelo hierárquico tradicional das empresas, pois cada vez mais profissionais estão alocados em projetos. Esse cenário leva a uma dicotomia administrativa, pois os profissionais das áreas passam, muitas vezes, a ter que se reportar aos seus chefes de departamento e aos líderes de projetos.

Essa mudança ocorre após as empresas verificarem que devem trabalhar focadas no cliente.

> Cliente é toda pessoa ou grupo de pessoas que utilizam as saídas de um processo; com isso podemos ter clientes internos e externos.

Toda vez que um processo é otimizado para um cliente interno, gera-se uma redução no custo da empresa e, consequentemente, um benefício para o cliente externo (pode ser o acionista ou o próprio consumidor). Logo, a redução do custo administrativo OPEX pode ser traduzida em aumento de produtividade e competitividade.

O organismo empresa vem sendo tratado de uma forma muito fragmentada e setorial e os profissionais encontram dificuldades em obter referências para análises e comparações.

Quando o organismo empresa é analisado a partir da visão dos processos, fica claro que as corporações são compostas de diversos processos comuns que independem do seu segmento de atuação.

Os processos são o DNA das empresas.

A visão dos processos é um marco histórico na administração empresarial, pois ainda é comum no mercado o foco no microcosmo e a falta de percepção das relações entre os processos pela alta administração.

O profissional responsável pela liderança dos projetos deve ter uma visão integrada da empresa, pois, muitas vezes, o resultado só aparece quando o trabalho é focado na cadeia de valor. Trata-se de uma exigência alta, pois a grande maioria dos profissionais do mercado está imersa em um contexto departamental que, muitas vezes, impede uma visão integrada e abrangente da cadeia de valor estendida.

Acredita-se que, nas grandes empresas, 80% dos projetos estratégicos não chegam ao final dentro dos prazos e custos estabelecidos.

Se uma empresa gera no seu plano estratégico de 10 a 20 projetos-chave, responsáveis por uma expectativa de salto de rentabilidade da organização, e eles não chegam ao fim conforme previsto, estará perdendo dinheiro e mercado, o que é muito crítico.

O problema está sendo tratado com a utilização de práticas como *Lean Six Sigma* e *PMBOK® Guide* e a criação formal do escritório de projetos dentro das organizações.

O escritório de projetos tem a missão de manter uma visão integrada do plano estratégico em toda a cadeia de valor da empresa e o objetivo de garantir a implementação dentro do prazo e do custo definidos no plano estratégico.

A utilização de metodologias possibilita um monitoramento sistêmico e eficaz da condução dos projetos. Todas as metodologias se complementam e devem ser vistas como uma caixa de ferramentas a ser utilizada conforme a necessidade do negócio.

O DMAIC é uma poderosa ferramenta para o escritório de projetos.

- Sistematizar a abordagem dos projetos.
- Reduzir as incertezas e riscos.
- Aumentar a probabilidade de sucesso nos projetos.
- Documentar de forma clara e objetiva os projetos.

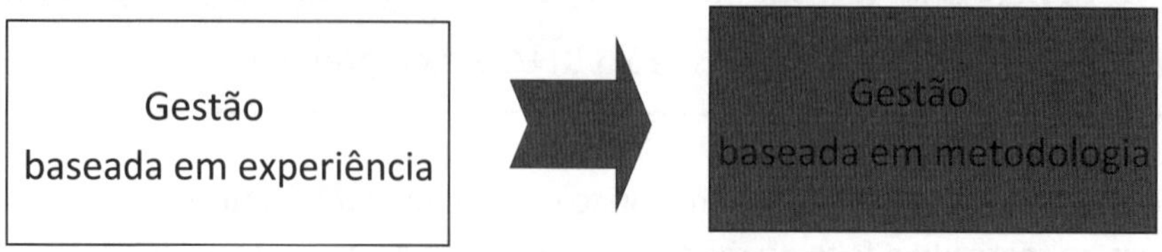

Transformação silenciosa que está ocorrendo no mercado brasileiro.

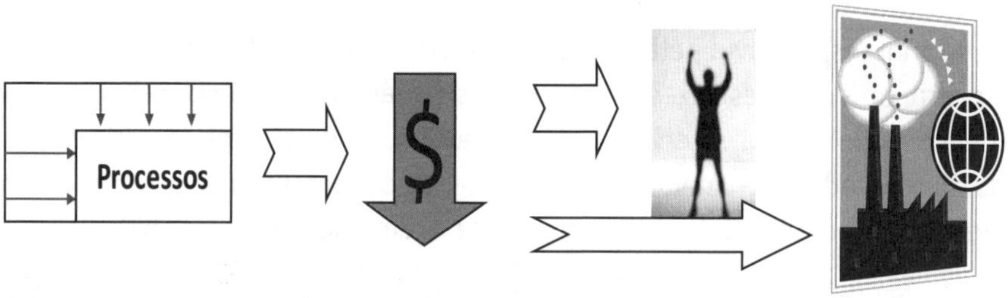

a) Otimização de um processo para um cliente interno gera uma redução no custo da empresa e consequentemente é gerado um benefício para o cliente externo.

b) A redução do custo administrativo pode ser traduzida em aumento de produtividade e competitividade.

c) A fragmentação e a segmentação das empresas dificultavam a obtenção de referências para análise e comparações.

d) A introdução de uma metodologia sistêmica para o gerenciamento possibilita que todos tenham a mesma visão da realidade e consequentemente facilita as comparações.

O foco do profissional deve ser o resultado do negócio, não a metodologia ou a ferramenta que utiliza.

Visão integrada da utilização das metodologias e dos processos de gestão

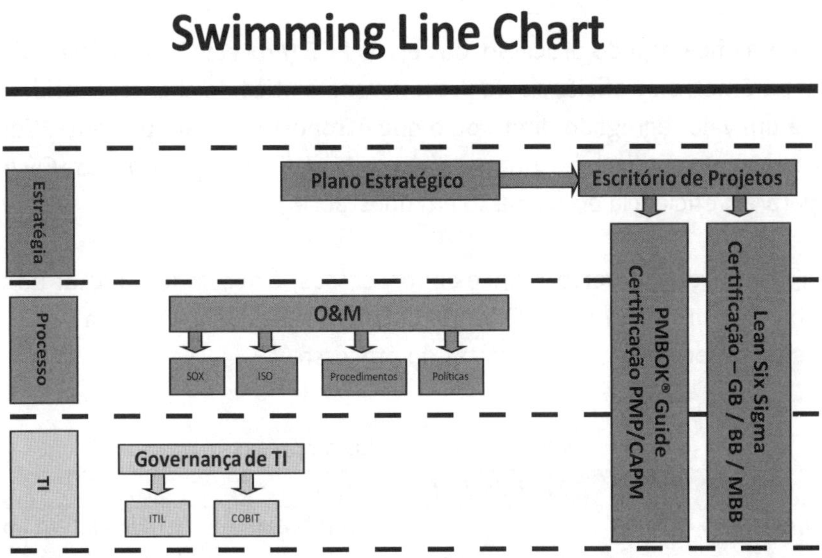

Fonte: O autor.

Ganho de produtividade nas empresas

Para obter ganho de produtividade nas empresas, uma ferramenta simples e poderosa consiste em mapear os processos e, posteriormente, classificar cada etapa com base na visão do cliente. Ou seja, que gere valor agregado ao negócio.

Devemos classificar cada etapa como *No Value Added*, *Business Value Added* e *Customer Value Added*. A somatória de todos os tempos é o PCT (*Process Cycle Time*), que representa a duração total do processo em análise em horas.

É importante ressaltar que sempre existe um tempo de espera entre as atividades, que deve ser mensurado e classificado como *No Value Added*, pois não agrega valor ao processo. Ficaremos muito surpresos ao perceber várias atividades do processo em questão que não agregam valor e podem ser eliminadas.

Em relação a essas ocorrências, devemos ter em mente que a empresa é um organismo vivo, sempre em mutação.

Os processos são o reflexo e uma fotografia de um determinado momento. Sempre teremos melhorias, pois a empresa muda e o contexto e a infraestrutura evoluem, gerando grandes oportunidades.

Para obter a eficiência do processo, ou seja, o PCE (*Process Cycle Efficiency*), é preciso um parâmetro de eficiência do processo sob a ótica do cliente, considerando o que gera um valor agregado direto ou o que é importante para o cliente. Com esse objetivo, devemos utilizar o *Customer Value Added* dividido pelo *Process Cycle Time*, o que gerará a eficiência do processo em questão.

Por fim, para avaliar a performance em processos, é necessário adotar uma referência, ou seja, um *benchmark*. O *World Class Efficiency Benchmarks* a seguir é uma referência, conforme as características do processo.

Evolução do perfil das empresas

World Class Efficiency Benchmarks		
Application	*Low-end PCE goal*	*High-end PCE goal (world-class PCE)*
Creative/Cognitive	5%	25%
Transactional processes	10%	50%
Batch transfer assembly	15%	35%
Continuous/One piece flow assembly	30%	80%

Fonte: George Group.

Capacitação dos profissionais em gestão de processos

O mercado teve que adequar a realidade de nosso país no tocante ao processo de capacitação dos profissionais na área de processos. Como as empresas brasileiras estão em um estágio que ainda não possibilita ter os processos claramente definidos e os indicadores de performance robustos no Brasil, se entendeu que a melhor forma de implementar o programa de excelência operacional era revisar os processos e definir os indicadores. Dessa forma, o processo de capacitação passou a utilizar o *Lean Six Sigma* como ferramenta.

Hoje temos a jornada de capacitação, que, no meu entender, se divide em dois ramos: a capacitação do profissional e do especialista. A capacitação do profissional consiste em adicionar o corpo de conhecimento da metodologia aos outros conhecimentos definidos para o profissional exercer a atividade.

Um parâmetro importante de mercado que muitas empresas estão adotando são que os profissionais, ao entrar na organização, fazem o *White Belt*, com 4 horas de duração, e em um estágio seguinte fazem o *Yellow Belt* (20 horas) para ter um maior aprofundamento na metodologia. Recomendamos que essas etapas iniciais sejam feitas através do processo EAD (ensino a distância), o que possibilita maior escala de disseminação da metodologia na organização.

Os profissionais que fazem o *Green Belt* (80 horas) geralmente são gestores ou supervisores, que representam aproximadamente 25% dos colaboradores das organizações, pois vão ter que executar projetos de produtividade em suas áreas para obter a conclusão da certificação.

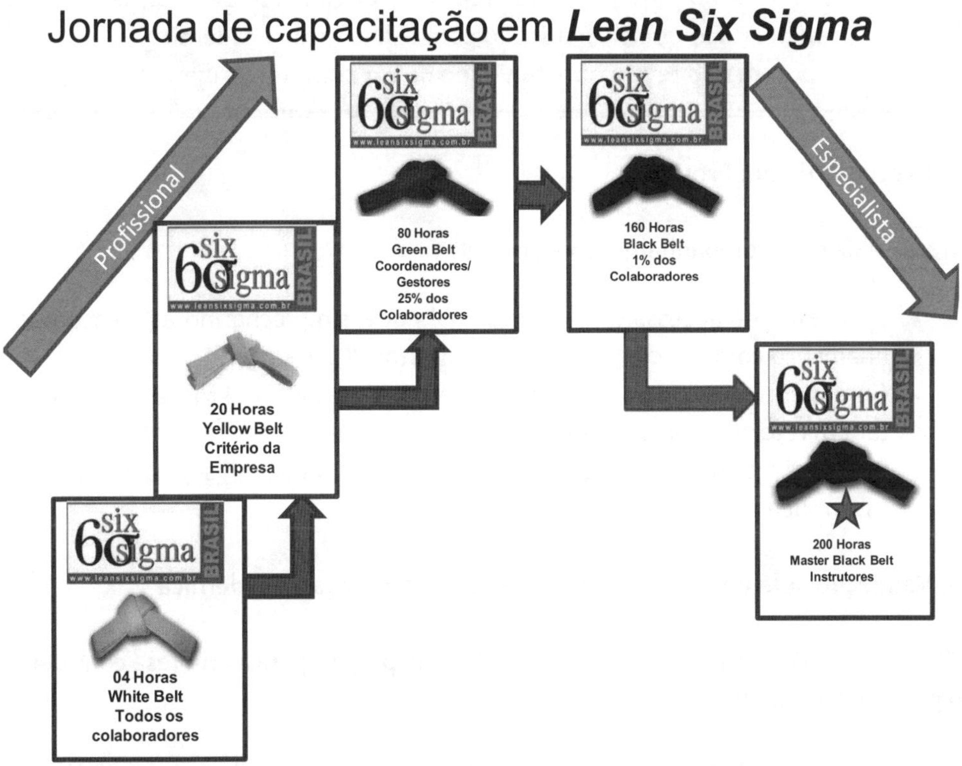

Fonte: O autor.

O mercado se adequou ao novo cenário e fez uma segmentação do processo dividindo em três etapas: Capacitação Acadêmica, Execução de um Projeto e Validação da Empresa.

1. Capacitação Acadêmica

a) Processo de capacitação acadêmica *Lean Green Belt* ou *Lean Black Belt*:
- A capacitação *on-line* pode ser considerada uma porta de entrada para o entendimento dos conceitos.
- O profissional sairá como *Lean Green Belt* e *Black Belt* com a competência acadêmica após a realização das horas de treinamento.
- Durante o processo de capacitação acadêmica é recomendável, se possível, o profissional ir tocando um projeto para aplicar a metodologia e ir tirando dúvidas com os consultores.

> Importante: ao término desta etapa o profissional pode informar ao mercado que é certificado com capacitação acadêmica, porém não teve a oportunidade de executar um projeto.

2. Execução de um Projeto

Trata-se de um acompanhamento adicional.

- Caso entenda necessário, o profissional pode, sim, fechar horas de acompanhamento com um custo adicional (sugestão: 1 hora/mês).
- Geralmente o escopo dos projetos é definido para durar 4 meses, para poder ter um retorno rápido para empresa.
- Se algo ficou fora do escopo do projeto inicial, cria-se um segundo projeto e assim sucessivamente.

3. Validação pela Empresa da Certificação/Capacitação Acadêmica

Cada empresa determina quais os parâmetros do projeto para a empresa considerar o profissional certificado.

- **Aplicação das ferramentas.** Existem empresas que obrigam o profissional a aplicar um número determinado de ferramentas, e sua aplicação ser validada pelo *Master Black Belt* ou *Black Belt* da empresa.
- **Validação financeira do projeto.** Também cada empresa define um valor por projeto para considerar o profissional como certificado.
- Considerando os itens anteriores como conclusos, as empresas passam a considerar o profissional certificado dentro da empresa.

- Aceitação do certificado de uma empresa por outra empresa (empresa é a organização em que o profissional trabalha).

> Ressalto que um profissional certificado por uma empresa geralmente é aceito por todas as empresas como certificado, porém uma empresa pode requerer que o profissional execute um projeto seguindo os seus parâmetros para considerá-lo certificado dentro da empresa.

Padrões de capacitação

- ***White Belt:*** duração 04 horas.
- ***Yellow Belt:*** duração 20 horas.
- ***Upgrade* de *Yellow Belt* para *Lean Green Belt***: duração 60 horas.
- ***Lean Green Belt***: duração 80 horas.
- ***Upgrade* de *Lean Green Belt* para *Lean Black Belt***: duração 80 horas.
- ***Lean Black Belt***: duração 160 horas.
- ***Upgrade* de *Lean Black Belt* para *Master Black Belt***: duração 40 horas.

> Importante: é mandatório os instrutores serem certificados como *Black Belt* ou *Master Black Belt*. Para dar o treinamento de *Master Black Belt*, tem que ser um instrutor certificado *Master Black Belt*.

O mercado brasileiro requereu um processo de normalização do processo de capacitação na área de *Lean Six Sigma* no tocante à carga horária, ao conteúdo e ao perfil dos instrutores. Assim, a Six Sigma Brasil criou o selo de qualidade para garantir a qualidade dos treinamentos disponíveis no mercado. Já temos várias empresas que aderiram a esse projeto e já são homologadas e utilizam o Selo de Qualidade da Six Sigma Brasil "Accredited by Six Sigma Brasil".

Empresa digital

O novo cenário econômico está em plena transformação e se desenvolvendo rapidamente. Devemos estar atentos para essa nova configuração que está se formando no processo de relacionamento entre os profissionais e as empresas.

Esse processo gerará novos conceitos de valores entre os atores envolvidos (profissionais e empresas). Nesse contexto, temos uma clara evolução no perfil das empresas. Antigamente, as empresas tinham profissionais (empregados) responsáveis por tarefas. Depois, tivemos uma evolução para as empresas LTDA, que contavam com profissionais (funcionários) responsáveis por funções. Em um próximo estágio, surgiram as empresas SA, com profissionais (colaboradores) responsáveis por funções e compartilhamento do conhecimento.

O estágio no qual as empresas digitais se encontram é um modelo totalmente novo, pois a empresa tem 100% dos profissionais como colaboradores de conhecimento, que usufruem dos benefícios gerados pela rede social gerida pela empresa. Toda a estratégia da empresa digital segue na linha do conhecimento, em que o importante é poder relacionar e instruir, agregando valores a todos os envolvidos.

Podemos falar que, no futuro, teremos empresas que vão exercer o papel de integradoras de conhecimento de fato, pois o conhecimento é cada vez mais valorizado pelo mercado como um diferencial, gerador de ganho econômico. Os profissionais que participam também são beneficiados.

A chave desse processo é o conhecimento. Dessa forma, os profissionais devem estar sempre atentos ao seu planejamento de capacitação, estando preparados para um novo contexto do mercado de trabalho.

Tudo isso está sendo possível devido à nova infraestrutura de comunicação (internet, redes sociais, celular, banda larga, etc.) disponível, gerando uma ruptura no processo coloquial. Sem essa infraestrutura não seria possível o surgimento da empresa digital.

Ressalto que as empresas digitais têm como um de seus objetivos disseminar conhecimento, gerando um benefício para a sociedade, sempre focando no resultado do negócio e aprimorando o relacionamento entre as empresas e os profissionais.

A abordagem a seguir reflete claramente a revolução que está ocorrendo nas empresas.

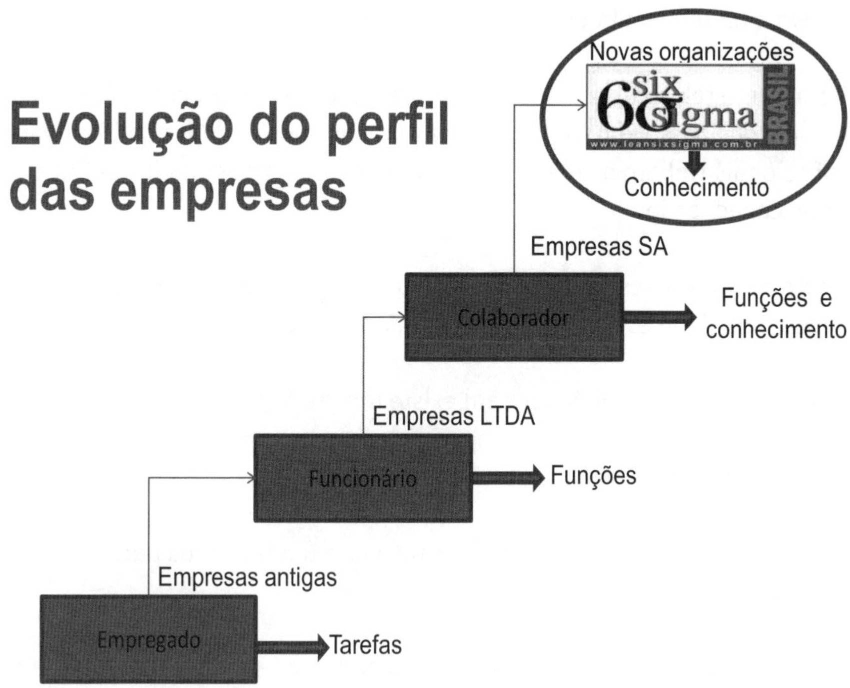

Verificamos que a transformação está ocorrendo e, muitas vezes, não conseguimos ter a visão do que está ocorrendo e como está ocorrendo no mundo empresarial.

O profissional neste novo mundo

Neste item gostaria de fomentar a seguinte questão: se estamos na era do conhecimento, por que o profissional que tem mais conhecimento é descartado pelo mundo corporativo? Isso geralmente acontece quando ele atinge mais de 45 anos. As grandes empresas não têm uma boa aceitação deste profissional.

O mais interessante desse cenário é que, se analisarmos sob a ótica financeira, o profissional com essa idade tem muito mais conhecimento e, lembrando que estamos na sociedade do conhecimento, é capaz de gerar um maior retorno para as empresas.

Percebo que as empresas estão entendendo melhor esse desperdício e muitas estão estruturando equipes híbridas, compostas por profissionais com mais experiência e profissionais mais novos.

O objetivo é ter um resultado mais eficaz e robusto nas empresas.

Um item muito relevante a que devemos estar atentos é o processo de capacitação profissional que passou por uma revolução drástica nos últimos anos. Antigamente, os profissionais tinham a tutela das empresas e aguardavam elas definirem seus rumos de capacitação.

Hoje, o profissional é responsável por definir o seu processo de capacitação e cabe a ele elencar um plano estratégico e metas referentes a esse tópico.

Entendo ser um bom caminho, porém existe um grave problema, que já está sendo abordado por algumas empresas: a capacidade financeira para o profissional executar o seu plano estratégico de capacitação.

O profissional que está em desenvolvimento não tem recursos para alocar no seu processo de capacitação.

A ideia de que o profissional é responsável por tudo está sendo revista, pois se tornou inviável na prática.

Entendo que as organizações devam prover um leque de conteúdos de capacitação e fazer um acompanhamento do profissional para ajudá-lo a atingir o resultado esperado.

As empresas com essa visão acabam tendo um retorno sobre o investimento e, claro, devem fazer contratos com o profissional a fim de garantir um compromisso formal de estabilidade. Isso significa que se a empresa investe no profissional, do outro lado, o profissional assume o compromisso de ficar na organização por um determinado período. Caso contrário, pagará o investimento realizado em sua capacitação. É uma relação de ganha-ganha.

Com esse modelo de negócios as empresas podem voltar a investir de forma estruturada na capacitação de seus profissionais, sem armadilhas.

Informações a seguir relatam como os brasileiros se comportam por faixa etária.

Para brasileiros, continuar trabalhando garante velhice mais saudável

Média de 0 a 10	Total	16 a 24	25 a 34	35 a 44	45 a 49	50 a 54	55 a 59	60+	80+
Cuida da sua alimentação	6,9	6,4	6,7	6,60	6,80	7,30	7,30	7,60	8,70
Mantém-se trabalhando	7,7	6,9	8,1	8,1	7,80	8,1	8,1	7,2	6,9
Pratica exercícios físicos	5,60	5	5,5	5,30	5	5,4	5,7	5,80	6,10
Realiza atividades de lazer	6,10	6,60	6,5	6	5,60	5,7	5,9	5,9	6,2

Fonte: Pnad/IBGE

Trabalho é também importante para ter velhice mais confortável

Média de 0 a 10	Total	16 a 24	25 a 34	35 a 44	45 a 49	50 a 54	55 a 59	60+	80+
Dedica-se ao trabalho	8,20	7,5	8,5	8,5	8,6	8,8	8,5	7,80	7,30
Poupa dinheiro	4,4	4,4	4,60	4,2	4	4,3	4,10	4,7	6
Relaciona-se com amigos	7,4	7,7	7,2	7,2	7,2	7,5	7,30	7,60	8,1
Relaciona-se com família	8,6	8,5	8,5	8,5	8,5	8,70	8,70	8,8	9,20

Fonte: Pnad/IBGE

NÚMERO DE EMPREENDEDORES NO BRASIL CRESCE MAIS ENTRE OS MAIS VELHOS

Em milhões de pessoas

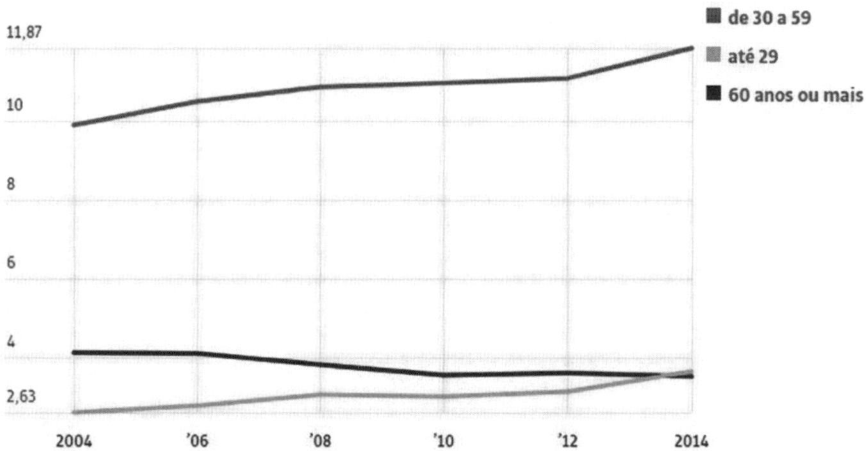

111,96% foi a taxa de expansão de 2004 a 2014

Fonte: Pnad/IBGE

Referências

BERGAMO FILHO, Clovis; MANSUR, Ricardo. **Uma Evolução Silenciosa no Gerenciamento das Empresas com o Six Sigma**. Rio de Janeiro: Brasport, 2007.

GEORGE GROUP. Green Belt Lean Six Sigma Documentation.

GEORGE, Michael L. **Lean Six Sigma:** Combining Six Sigma Quality with the Lean Speed. New York: McGraw-Hill, 2002.

GEORGE, Michael.L; ROWLANDS, David; PRICE, Mark; MAXEY, John. **The Lean Six Sigma Pocket Toolbook**. New York: McGraw-Hill, 2005.

2. *Blockchain*, SLA e Criptomoedas

Wellington Santos de Oliveira

Distribuição do controle

Distribuição do controle é quando todos os modelos de negócio centralizados perdem o poder. Cada vez mais as pessoas não querem ser controladas por um órgão ou instituição que formula suas próprias regras e se torna o próprio veredito para aplicar e penalizar.

E quando falamos de controle, estamos nos referindo a um sistema que possua segurança, autenticidade, rastreabilidade e decisão distribuída. Atualmente não existe um sistema que possua todas essas características, e por esse motivo o controle é centralizado em uma empresa ou instituição que formula suas próprias regras.

Mas, de uma forma meio que inconsequente, uma tecnologia surgiu; tecnologia que muitas pessoas nunca pensaram que poderia surgir, afinal, mesmo com os avanços tecnológicos tudo era centralizado. Porém, a nova tecnologia planeja mudar essa realidade: o *blockchain*. Tenho certeza de que você deve ter ouvido falar sobre essa tecnologia, talvez não propriamente dela, mas de uma criptomoeda que foi feita graças a ela: estamos falando agora do *bitcoin*.

Satoshi Nakamoto, o programador não identificado e inventor do *bitcoin*, nunca pretendeu inventar uma moeda. Em seu anúncio do *bitcoin* no final de 2008, Satoshi disse que desenvolveu um sistema de dinheiro eletrônico *peer-to-peer*. Seu objetivo era inventar algo que muitas pessoas não conseguiram criar antes do dinheiro digital.

> Anunciando o primeiro lançamento do *bitcoin*, um novo sistema de caixa eletrônico que utiliza uma rede *peer-to-peer* para evitar gastos duplicados. É completamente descentralizado, sem servidor ou autoridade central.[5]

---

[5] Satoshi Nakamoto, 09 de janeiro de 2009, anunciando o *bitcoin* no *SourceForge*.

Uma das partes mais importantes da invenção de Satoshi foi que ele encontrou uma maneira de construir um sistema de caixa digital descentralizado. Nos anos 90, houve muitas tentativas de criar dinheiro digital, mas todas falharam. E quando falamos em "descentralizado" estamos querendo dizer que o controle sobre aquela tarefa é distribuído de uma forma organizada, padronizada e incorruptível, ou seja, os pagamentos podem ser efetuados diretamente entre duas pessoas sem a intermediação de um banco. As informações, uma vez compartilhadas, são públicas e transparentes, o que gera estrutura de apoio para a gestão de contratos e questões de propriedade intelectual. Isso faz com que você não precise de um órgão regulador tradicional para decidir sobre essas questões, portanto o controle é distribuído.

> Depois de mais de uma década de sistemas baseados em *third-party* confiáveis falhos (Digicash, etc.), eles veem isso como uma causa perdida. Espero que eles possam fazer a distinção, que esta é a primeira vez que eu sei que estamos tentando um sistema não baseado em confiança.[6]

Diversas características do *blockchain* vão causar uma revolução no mercado em geral. Entre elas podemos destacar:

1. **Transparência** – Todas as transações que ocorrem no *bitcoin* são registradas, ficando visível o histórico para qualquer pessoa analisar, também conhecido como livro-razão.
2. **Descentralização** – Não há necessidade de uma empresa intermediária que aprove a transação ou que determine horários para utilização.
3. **Segurança** – O livro-razão é imutável; todas as transações são verificadas e o gasto duplo é prevenido por meio de criptografia.
4. **Confiança** – Todas as transações são verificadas, necessitando que outros computadores de outros participantes entrem em um consenso para possibilitar que essa transação ocorra, evitando duplicidade.
5. **Automatização** – O protocolo foi desenvolvido para que funcione de forma automática e não haja duplicidade ou informação conflituosa; sendo assim, transações que não respeitem essa regra não são registradas dentro do *blockchain* (livro-razão).

Depois de ver todas as tentativas centralizadas falharem, Satoshi tentou construir um sistema de caixa digital sem uma entidade central. E para construir uma rede de pagamentos, sem necessitar de uma plataforma centralizada, ele precisaria montar uma rede de pagamento que verificasse de forma automática contas, saldos e transações.

[6] Satoshi Nakamoto em um e-mail para Dustin Trammell.

Um grande problema que toda rede de pagamento tem que resolver é evitar o chamado gasto duplo: impedir que uma entidade gaste a mesma quantia duas vezes. Normalmente, isso é feito por um servidor central que registra os saldos.

Em uma rede descentralizada, você não tem esse servidor. Portanto, você precisa que cada membro da rede possa fazer esse trabalho. E para realizar esse serviço, é necessário um consenso absoluto de todas as partes envolvidas independentemente da quantidade transacionada. Normalmente, no caso de uma autoridade central, é ela a responsável pela confirmação dos saldos.

Após analisar a ideia de Satoshi, foi possível perceber que um dos maiores problemas era conseguir o consenso absoluto e incorruptível sem uma autoridade central. Ninguém acreditava que isso fosse possível.

Satoshi deu início a uma revolução. Ele conseguiu alcançar o consenso em uma rede de pagamento de forma automatizada e descentralizada.

Bitcoin

Em dezembro de 2017, um *bitcoin* chegou a valer US$ 20.000, após atingir seu pico máximo. A tendência de alta tornou-se uma reversão para baixo. E, assim como qualquer ativo, depois de chegar num determinado valor, as ofertas de compra diminuem e as vendas começam a aumentar. Sendo assim, o preço se corrigiu ao longo de 2018 e ao chegar em janeiro de 2019 uma unidade de *bitcoin* está valendo US$ 3.500. O motivo para tanta euforia em dezembro de 2017 foi a CME, maior bolsa de negociações do mundo, lançar contratos futuros de *bitcoin*. A CME oferece uma ampla variedade de produtos derivados em todo o mundo e realiza cerca de 3 bilhões de contratos por ano.

Agora em 2019 estamos vivendo um novo momento, que podemos comparar com o mesmo episódio que aconteceu anteriormente com os contratos futuros, só que, agora em 2019, todos os investidores de criptomoedas estão aguardando a aprovação do ETF (*Exchange-Traded Fund*). A *Securities and Exchange Commission* (SEC) será a responsável por aprovar esses pedidos efetuados pela CBOE (*Chicago Board Options Exchange*). Caso esse pedido seja aprovado, é muito provável que ocorra uma nova "BULLRUN" no mercado. Alguns especialistas supõem que o *bitcoin* pode chegar a cem mil dólares.

Mas o que é *bitcoin*?

A terminologia pode ser confusa porque a palavra *bitcoin* é usada para, simultaneamente, denotar duas coisas: primeiro, *bitcoin* refere-se ao protocolo e sua forma de consenso de como os ativos são transferidos no *blockchain*. Segundo, é usada para significar criptomoeda e suas particularidades.

No Brasil, o entusiasmo com as moedas digitais pode ser exemplificado por uma simples comparação. Em outubro de 2017, a Bolsa de Valores de São Paulo (B3) possuía 610.364 investidores pessoas físicas. Somente a corretora Mercado Bitcoin tem 750 mil clientes cadastrados, dos quais 250 mil estão ativos. Especialistas estimam que até 1 milhão de brasileiros negociam moedas digitais, sobretudo o *bitcoin*.[7]

Da mesma forma que existe o real ou o dólar, o *bitcoin* é uma moeda de troca. Sua principal diferença, no entanto, é que a sua emissão não é feita por nenhum banco central. Na verdade, o *bitcoin* não existe no mundo material, então não é possível ver notas de *bitcoin* circulando por aí. A moeda virtual é gerada por sistemas computacionais de forma descentralizada e criptografada, o que garante a segurança dos dados. Essas criptomoedas são representadas por um código, protegido por criptografia e muito difícil de ser alterado. Por serem descentralizadas, elas podem ser transferidas de uma pessoa para outra sem a intermediação de um banco, o que é chamado de sistema ponto a ponto (no inglês, *peer-to-peer*).

Essa moeda não é fisicamente impressa por um banco central que faz suas próprias regras. No modelo tradicional, esses bancos podem simplesmente produzir mais dinheiro para cobrir a dívida nacional, desvalorizando sua moeda. Em vez disso, o *bitcoin* é criado digitalmente, por uma comunidade de pessoas em que qualquer um pode participar. Os *bitcoins* são "minerados" usando o poder de computação em uma rede distribuída. Essa rede também processa transações feitas com a moeda digital, efetivamente tornando o *bitcoin* sua própria rede de pagamento. A criação do *bitcoin* deu o pontapé inicial para a criação de um ecossistema diversificado de outras moedas e *tokens*, moedas estas que são conhecidas como *altcoins* no mundo dos criptoativos.

---

7 TEMÓTEO, Antonio. Bitcoin causa euforia e preocupação; valorização é de 1.500% em 2017. **Correio Braziliense**, 12 dez. 2017. Disponível em: <https://www.correiobraziliense.com.br/app/noticia/economia/2017/12/12/internas_economia,647223/o-que-e-bitcoin.shtml>. Acesso em: 30 jan. 2019.

De que forma é diferente das moedas tradicionais?

Bitcoin pode ser usado para fazer pagamentos eletronicamente, se ambas as partes estiverem dispostas. Nesse sentido, é como dólares, euros ou ienes convencionais, que também são negociados digitalmente. Mas, diferentemente das moedas tradicionais, como real ou dólar, o *bitcoin* pode ser transferido em qualquer horário, independentemente do país ou região e sem necessitar de um intermediador. Isso, sim, é extraordinário!

Nenhuma instituição única controla a rede *bitcoin*. É mantido por um grupo de codificadores voluntários que são recompensados por cada decodificação realizada, tudo isso em uma rede aberta de computadores dedicados espalhados pelo mundo. Isso atrai indivíduos e grupos que se sentem desconfortáveis com o controle que bancos ou instituições governamentais têm sobre o seu dinheiro.

O que previne o duplo gasto nas moedas fiduciárias é o controle realizado pelas instituições bancárias. Já no caso do *bitcoin*, esse controle é realizado por algoritmos combinados com uma criptografia engenhosa. E da mesma forma que previne, também é responsável por fiscalizar a rede e demonstrar isso publicamente. Todo esse processo acontece de forma automática, sem necessitar do manuseio por parte de seres humanos: é apenas máquina conversando com máquina.

Em moedas eletrônicas fiduciárias, essa função é preenchida pelos bancos, o que lhes dá controle sobre o sistema tradicional, podendo, assim, seres humanos interferirem nesse processo de criação e verificação, não deixando essas informações transparentes para o público.

O governo necessita cobrar imposto da população para conseguir pagar seus gastos, e quando o governo gasta mais do que ganha ele será obrigado a cortar gastos ou aumentar os impostos. Porém, dependendo do governo que estiver no poder, ele pode optar por imprimir mais dinheiro. Dessa forma, é possível pagar as suas dívidas – no entanto, desvaloriza sua moeda. Sendo assim, as moedas fiduciárias têm uma oferta ilimitada, e os bancos centrais podem emitir a quantidade que desejar. Podem também tentar manipular o valor de uma moeda em relação a outras. Os detentores da moeda (especialmente os cidadãos com pouca alternativa) arcam com o custo.

Com o *bitcoin*, por outro lado, o fornecimento é rigidamente controlado pelo algoritmo subjacente. Um pequeno número de novos *bitcoins* goteja a cada hora, e continuará a fazê-lo a uma taxa decrescente até que um máximo de 21 milhões seja atingido. Isso torna a *bitcoin* mais atraente como um ativo – em teoria, se a demanda crescer e a oferta continuar a mesma, o valor aumentará.

Outro ponto que não podemos deixar passar despercebido é a invasão de privacidade que ocorre dentro das instituições tradicionais, onde suas transações são identificadas e vinculadas a um nome. Já os usuários do *bitcoin*, em teoria, operam em semianonimato. Como não existe um "validador" central, os usuários não precisam se identificar ao enviar *bitcoins* para outro usuário. O protocolo verifica todas as transações anteriores para confirmar que o remetente possui o *bitcoin* necessário, assim como a autoridade para enviá-los. Dessa forma, o sistema não precisa conhecer a sua identidade.

Na prática, cada usuário é identificado pelo endereço de sua carteira. As transações podem, com algum esforço, ser rastreadas dessa maneira. Além disso, a aplicação da lei desenvolveu métodos para identificar usuários, se necessário. A maioria das trocas (*exchanges*) é obrigada por lei a realizar verificações de identidade em seus clientes antes de poderem comprar ou vender *bitcoins*, facilitando uma outra maneira de rastrear o uso de *bitcoins*. Como a rede é transparente, o progresso de uma transação específica é visível para todos. Isso faz com que o *bitcoin* não seja uma moeda ideal para criminosos, terroristas ou lavadores de dinheiro.

Diferentemente dos bancos, que podem reverter transações realizadas na conta do seu cliente, no caso do *bitcoin* elas não podem ser revertidas. Isso ocorre porque não há um "juiz" central que possa dizer "ok, devolva o dinheiro". Se uma transação for registrada na rede e se mais de uma hora tiver passado, é impossível modificá-la. Isso significa que nenhuma transação na rede do *bitcoin* pode ser adulterada.

A menor unidade de um *bitcoin* é chamada de *satoshi*. É um centésimo de milionésimo de um *bitcoin* (0,00000001).

O *bitcoin* vem sendo bem acolhido pelo mercado, e todos que conhecem o poder que a tecnologia dele possui ficam encantados. Conseguem ver infinitas usabilidades. Isso é o que o torna cada vez mais conhecido, mas todo o mérito vem de sua tecnologia, o *blockchain*.

Introdução ao *blockchain*

Desde o início da internet as pessoas possuem total insegurança em enviar ou receber um arquivo, dinheiro ou qualquer objeto que tenha um valor, e tudo isso se deve à falta de confiança que as pessoas têm umas nas outras. A razão talvez seja o medo de correr o risco de perder aquilo que enviou sem obter a recompensa do envio. Embora a internet tenha evoluído muito desde sua criação, ainda assim as pessoas se sentem inseguras na hora de fazer qualquer transação. E normalmente são nesses casos de insegurança que surgem empresas, pessoas, instituições e muitos outros com objetivo de intermediar qualquer negociação a fim de proteger ambas as partes inseguras. Mas recentemente, graças a uma tecnologia que podemos comparar com uma grande descoberta, assim como foi o caso da ARPANET, o *blockchain* pode ser reconhecido como uma nova revolução. E o que torna o *blockchain* único é não depender que os usuários confiem uns nos outros ou dependa de uma instituição para intermediar uma negociação. No *blockchain* todo esse processo de envio e recebimento é feito de forma automatizada através de algoritmos, que por sua vez fazem com que a tecnologia *blockchain* seja incorruptível e totalmente descentralizada. Dessa forma, é possível enviar e receber uma transação orientada através da internet em um sistema descentralizado, de pessoa para pessoa.

Internet e *blockchain*

Normalmente quando as pessoas digitam no Google buscando o que é *blockchain*, aparece: "é uma tecnologia que visa a descentralização como medida de segurança", ou até mesmo "*blockchain* é a tecnologia usada principalmente para verificar as transações, dentro das moedas digitais, embora seja possível digitalizar, codificar e inserir praticamente qualquer documento no *blockchain*. Isso cria um registro indelével que não pode ser alterado".

Toda essa explicação tem seu grau de veracidade, mas em meu ponto de vista é muito incompleta e simples comparada com o quão importante é essa tecnologia. O *blockchain* pode ser a próxima revolução no ramo da computação após o *mainframe*, o computador, a internet, os *smartphones* e as redes sociais, com potencial de reconfigurar toda a atividade humana e seus hábitos de negociações.

Ao falarmos sobre internet, geralmente lembramos que ela é "uma rede de computadores". Podemos até dizer que sim, mas para compreender como a internet chega na sua casa vamos imaginar que ela é uma pequena rede conectada a outras redes (maiores) de computadores. Sendo assim, não há um dono da internet, nem uma empresa que a controle, mas, sim, um grupo de várias redes interligadas.

Quando conectamos um computador a outro, criamos uma rede local. Mas, dessa forma, os computadores só se comunicam uns com os outros, ou seja, sem acesso a outros computadores fora da sua casa ou empresa.

Esse acesso externo ocorre quando a sua rede local se conecta a uma outra rede maior – no caso, o seu provedor de internet – por meio da tecnologia TCP/IP, um modo de comunicação baseado no endereço de IP (*Internet Protocol*). Esse IP é o endereço de cada um dos pontos de uma rede, e cada ponto da rede consiste em um computador, que, por sua vez, se interliga a outros computadores, formando uma verdadeira "teia de redes".

> Pois bem, saiba que o *blockchain* é muito parecido com a internet, porém tem suas particularidades. Assim como a internet necessita de uma rede de computadores, o *blockchain* também.

Diferentemente de uma rede local, o *blockchain* é uma plataforma capaz de registrar transações de forma descentralizada, com registros em diferentes computadores. A "cadeia de blocos" identifica o envio e o recebimento de moedas virtuais. Tudo isso é possível porque todas as transações feitas na *blockchain* ficam armazenadas em blocos. Por sua vez, os blocos são ligados uns aos outros por elos, chamados de *hashes*. As somatórias desses elos com os blocos formam a cadeia, garantindo o funcionamento do sistema de registros seguros das transações realizadas por criptomoedas. Através de criptografia robusta, as cadeias validam as operações feitas virtualmente. A grande diferença para a internet, por exemplo, é que os registros feitos pelo *blockchain* são armazenados em milhões de computadores, evitando fraudes e gastos duplos com uma mesma criptomoeda, e todas as transações são transparentes e rastreáveis.

Blockchain, protocolo e moeda

Você deve ter ouvido falar em alguns protocolos, como o protocolo de internet (IP – *Internet Protocol*) ou o protocolo de controle de transmissão (TCP – *Transmission Control Protocol*). Um protocolo é um conjunto especial de regras que os elos em uma rede usam quando transmitem informações. Essas regras especificam como esses pontos da rede se comunicam. No *blockchain*, o termo protocolo se refere às "regras dos caritativos" que são aplicadas pelo *blockchain* para manter o consenso distribuído em sua rede *peer-to-peer*.

O ponto-chave é a estrutura geral de qualquer criptomoeda: *blockchain*, protocolo e moeda. Cada moeda é tipicamente tanto uma moeda e um protocolo, e pode ter o seu próprio *blockchain* ou pode ser executado no *blockchain* de outra moeda.

Um *blockchain* separado significa que a moeda tem suas próprias regras descentralizadas no seu próprio livro-razão (na mesma estrutura e formato sem a necessidade de ser executado em um *blockchain* diferente da sua moeda origem).

O *blockchain* é a contabilidade transparente descentralizada com os registros das transações do banco de dados que é compartilhado por todos os nós da rede, atualizados pelos mineradores pela sua força de trabalho, onde é monitorado por todas as suas propriedades e controlado por ninguém. É como uma planilha interativa gigante a qual todos têm acesso, onde são mostradas as atualizações e confirmações das operações digitais que foram transferidas dos fundos. A camada do meio da pilha é o protocolo de sistema de software que transfere o dinheiro ao longo do livro-razão *blockchain*. Em seguida, a camada superior é a moeda em si, *bitcoin*, que é designada como BTC ou Btc quando comercializada em transações ou trocas.

Há milhares de criptomoedas, dos quais *bitcoin* é a primeira e maior. Porém existem outras *altcoins*. Por exemplo: *litecoin*, *cardando*, *ripple*, NXT e *peercoin*. Todas essas moedas podem ser acompanhadas em <https://coinmarketcap.com/>.[8]

Principais protocolos *blockchain*

A tecnologia evoluiu, e tivemos que aprender com as novas tendências, assim como ocorreu com bancos de dados, redes, servidores, softwares e sistemas operacionais. Além disso, foram surgindo linguagens de programação cada vez mais eficientes. A partir da década de 1990, a internet abriu um mar de oportunidades com: *browsing*, *website*, Java, TCP/IP, HTTP, URLs e HTML. Hoje, o *blockchain* traz com ele ainda mais repertório: algoritmo consensual, contratos inteligentes, registros distribuídos, carteiras digitais, inteligência artificial e blocos de transação.

O *bitcoin* é o primeiro a usar o *blockchain*. No entanto, existem muitos outros que fornecem variedade de recursos adequados para aplicações diversas.

---

[8] FORTNEY, Luke. **Blockchain, Explained.** Investopedia, Dec. 19, 2018. Disponível em: <https://www.investopedia.com/terms/b/blockchain.asp>. Acesso em: 30 jan. 2019.

Bitcoin

O *bitcoin* permite que os usuários realizem transações de pessoas para pessoas de forma irreversível e com confiança. *Bitcoin* é usado como moeda virtual e inclui tecnologias como *hash*, assinatura digital, criptografia de chave pública, P2P e prova de trabalho de mineração, que permite aos usuários criar *bitcoins*, observando seu limite máximo de até 21 milhões. Recentemente, foi anunciado que a plataforma Ivy, que é um compilador de código aberto desenvolvido pela Chain.com, trará contratos inteligentes para *blockchain*. Isso permitirá a gravação de contratos personalizados em contratos inteligentes em endereços compatíveis com *Segwit* na rede *bitcoin*.

Ethereum

O *Ethereum* é conhecido por seus contratos inteligentes, que são aplicativos que funcionam como programado e com interferência mínima de terceiros. Esses contratos são usados para armazenar registros de dívidas, mercados e movimentar fundos. Ele possui uma criptomoeda nativa conhecida como *ether* e uma *Ethereum Wallet* que pode conter *tokens* ERC-20 ou ERC-23 (recente atualização). O *Ethereum* permite que os desenvolvedores criem aplicativos descentralizados, bem como organizações autônomas democráticas. Contratos inteligentes permitem realizar transações críveis sem a necessidade de terceiros. Essas transações são rastreáveis e irreversíveis. Os contratos inteligentes contêm todas as informações sobre os termos do contrato e executam automaticamente todas as ações previstas.

IOTA

IOTA *blockchain* usa um *ledger* distribuído sem bloco chamado *Tangle*, um gráfico acíclico dirigido (DAG, na sigla em inglês) que permite validar as transações enquanto elas acontecem, dispensando o uso de mineradores para realizar a chamada prova de trabalho (*proof of work*), a fim de certificar o processo – e sem cobrar nada por isso. O *ledger* facilita uma economia de máquina para negociar recursos em tempo real e sob demanda e conectar dispositivos como em IoT (*Internet of Things*). Ele permite nano pagamentos infinitamente pequenos sem cobrar taxas extras. As empresas podem não apenas explorar novos modelos *business-to-business*, como também negociar recursos tecnológicos em um mercado aberto sem taxas. Isso permite o armazenamento de dados de sensores e *dataloggers* de forma segura e verificada no *ledger*. Os dados também podem ser transferidos de um dispositivo para outro após a autenticação.

Por meio da tecnologia da IOTA, é possível alugar e compartilhar aparelhos, ferramentas, drones, bicicletas, recursos de armazenamento de computadores, potência computacional e largura de banda de *wi-fi*. A internet das coisas (IoT, na sigla em inglês) é o conceito que engloba os equipamentos do dia a dia conectados à internet. Em um universo cada vez mais interconectado, então, surgem preocupações com segurança, especialmente no que diz respeito às transações financeiras realizadas por meio desse tipo de tecnologia. Pensando nisso é que a IOTA foi desenvolvida. Recentemente a Volkswagen iniciou os testes com carros autônomos usando a tecnologia da IOTA.

Ripple Consensus Network

A plataforma *Ripple* começou em 2012 e usa uma razão de consenso distribuído de código aberto e uma moeda nativa conhecida como XRP. Suporta *tokens* que podem ser usados para representar decréscimos, outras criptomoedas, mercadorias ou outras unidades de valor, como minutos móveis e milhas de passageiro frequente. Ele é essencialmente construído para bancos, provedores de pagamento, trocas de ativos digitais e empresas, que podem usar o *RippleNet* para enviar dinheiro globalmente. Atualmente possui parcerias com os bancos Itaú, Santander, American Express e muitos outros.

Chain

A rede hospeda vários ativos, incluindo títulos, derivativos, cartões-presente, moedas e pontos de fidelidade. A *Chain* criou o *Chain Protocol*, que alimenta a plataforma *blockchain Chain Core*. Com o *Chain Core*, as empresas podem emitir e transferir ativos financeiros em redes de *blockchain* autorizadas. As instituições podem usá-lo para lançar uma rede *blockchain* ou conectar-se a uma lista crescente de outras redes usadas para movimentar fundos em todo o mundo. O *Chain Core Developer Edition* é gratuito, mas há um *Chain Core Enterprise Edition* para organizações que desejam executar o *Chain Core* em ambientes de produção. Embora a criação, o controle e a transferência de ativos sejam descentralizados entre os participantes, a rede é governada por um conjunto designado de entidades conhecidas como federação.

NEO

NEO utiliza estrutura de rede P2P (*peer-to-peer*), onde a comunicação entre os nós (*peers*) é feita através do protocolo TPC/IP. Nessa estrutura, os nós são separados em duas categorias: nós de rede e nós validadores (nós de consenso). Os nós de rede

– nós simples, máquinas conectadas na rede – podem transmitir, receber e transferir transações ou blocos, enquanto os nós de consenso participarão da criação dos blocos. O protocolo de rede da NEO é bastante similar ao do *bitcoin*; entretanto, suas estruturas de dados como bloco ou transações são muito diferentes.[9]

Nem

A arquitetura do *nem* é projetada para simplicidade e flexibilidade de desenvolvimento. O *blockchain* em si é suportado pelos nós que executam o software fornecido pelo *nem*, que implementa o conjunto de recursos e o mecanismo de consenso exclusivo. Isso pode ser o *blockchain* público *nem* aberto, descentralizado e autossustentável ou pode ser um *blockchain* privado *nem* em execução em seus próprios servidores. O intervalo de recursos do *blockchain nem* é disponibilizado por meio de simples chamadas JSON *RESTful* para um servidor de *gateway* de API. Isso simplifica drasticamente a criação de aplicativos clientes ou a interface com servidores para o *blockchain*. Você pode implementar seu uso do *blockchain* usando qualquer idioma que preferir, sem ser forçado a reimplementar a lógica de negócios existente ou desenvolver em um ambiente desconhecido.

Sabemos que, fora esses citados, existem muitos outros protocolos já em operação e outros em desenvolvimento no mercado. Portanto, nesse breve resumo já foi possível perceber o potencial que existe na tecnologia *blockchain* e como seus protocolos podem ser utilizadas a favor das empresas e pessoas.[10]

Protocolos de consenso

Pense em uma organização centralizada padrão.

Todas as decisões são tomadas pelo líder ou por um conselho de tomadores de decisão. Isso não é possível em um *blockchain* porque em um *blockchain* não tem "líder". Para que o *blockchain* tome decisões, ele precisa chegar a um consenso usando "mecanismos de consenso".

Existem diferentes mecanismos para ter um consenso, como vamos ver agora.[11]

---

9 GITHUB. **Neo-project/docs.** Disponível em: <https://github.com/neo-project/docs/blob/master/pt-br/node/>. Acesso em: 31 jan. 2019.

10 NEM. Site. Disponível em: <https://nem.io/>. Acesso em: 31 jan. 2019.

11 Informações retiradas da Wikipédia.

- **Acordo:** um mecanismo de consenso deve trazer o máximo de concordância do grupo quanto possível.
- **Colaboração:** todos os participantes devem procurar trabalhar juntos para alcançar um resultado que coloque em primeiro lugar o melhor interesse do grupo.
- **Cooperação:** todos os participantes não devem colocar seus próprios interesses em primeiro lugar e devem trabalhar em equipe.
- **Igualitário:** um grupo que tenta alcançar o consenso deve ser o mais igualitário possível. Isso basicamente significa que cada voto tem igual ponderação. O voto de uma pessoa não pode ser mais importante que o de outra pessoa.
- **Inclusivo:** o maior número possível de pessoas deve estar envolvido no processo de consenso. Não deveria ser como votar normal, onde as pessoas realmente não sentem vontade de votar porque acreditam que o seu voto não terá nenhum peso a longo prazo.
- **Participativo:** o mecanismo de consenso deve ser tal que todos devem participar ativamente no processo geral.

Antes do *bitcoin*, havia imensas interações de sistemas monetários descentralizados *peer-to-peer* que falharam porque não conseguiram resolver o maior problema quando chegaram a um consenso. Esse problema é chamado de "Problema Geral Bizantino".

O protocolo *bitcoin* é uma solução para um problema de longa data com dinheiro digital: o duplo gasto. Antes de chegar o *blockchain*, dinheiro digital era como qualquer outro ativo digital, ou seja, poderiam ser feitas infinitas cópias (como, por exemplo, salvar um anexo de e-mail e fazer várias cópias), e dessa forma não havia nenhuma maneira de confirmar que um determinado lote de dinheiro digital já não tinha sido gasto. Portanto, era necessário haver uma terceira parte confiável, como, por exemplo, um banco ou *fintechs* como o PayPal que pudessem comprovar que o dinheiro não foi gasto mais de uma vez.

O *blockchain* resolveu esse problema de duplo gasto através da combinação de pares de tecnologia de compartilhamento de arquivos com criptografia de chave pública para criar uma forma de dinheiro digital. Dessa forma, a propriedade da moeda é registrada no livro-razão público e confirmada por protocolos de criptografia da comunidade de mineração. O *blockchain* não necessita que o usuário confie nos outros para ser feita a transação, ou necessite de um intermediário central.

O protocolo *blockchain* adiciona os "blocos" na cadeia, que são grupos de transações lançadas sequencialmente. Após adicionar os blocos à "cadeia", é formado o livro-razão.

A partir desse movimento o *blockchain* pode ser inspecionado publicamente com exploradores de bloco, sites da internet (por exemplo, <https://www.blockchain.com/> para o *bitcoin blockchain*), onde você pode ver o saldo de dinheiro digital e para quem foi enviado/recebido.

Exemplo da carteira publica: 1Jaw14dzzcCVqMV5hxsTonp3YPTshokFYs

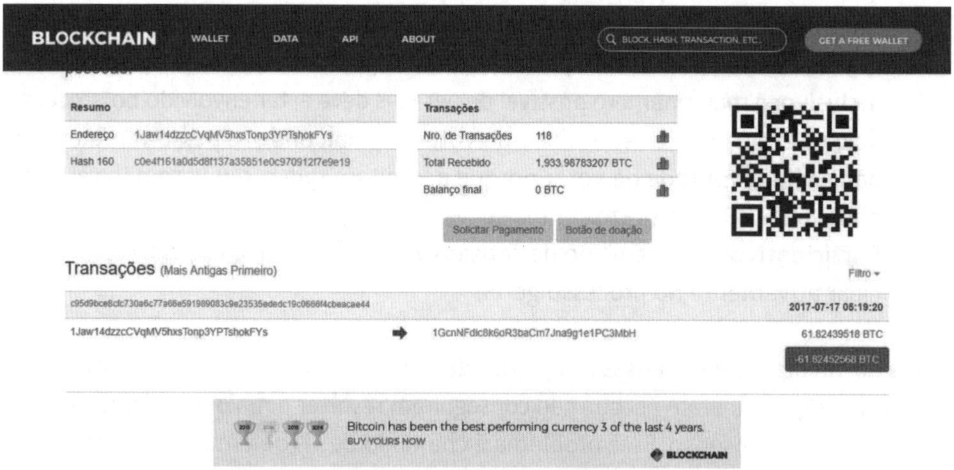

De forma simples, todas as criptomoedas devem ter uma maneira de proteger seu próprio *blockchain* contra ataques de duplo gasto, evitando, por exemplo, que um invasor possa tentar gastar algum dinheiro e, em seguida, reverter a transação.

Isso fez com que fossem buscados cada vez mais algoritmos de consenso mais rápidos, menos centralizados e mais eficientes em termos energéticos. Vou explicar um pouco de cada uma das abordagens alternativas que vêm sendo lançadas.

Prova de trabalho – *proof of work* (PoW)

O criador do *bitcoin*, Satoshi Nakamoto, inventou o protocolo de prova de trabalho. Indo pelo nome do protocolo, o mecanismo requer que os nós provem o trabalho que foi feito para ter o direito de adicionar uma nova transação ao *blockchain*. As transações são feitas por "mineradores" que resolvem o quebra-cabeça criptográfico para "minerar" um bloco para adicionar ao *blockchain*. Quando um minerador resolve o quebra-cabeça, ele apresenta seu bloqueio à rede para verificação e, por sua vez, recebe a recém-criada unidade de criptomoeda fornecida pelo protocolo como recompensa. Todo esse processo é intensivo em energia, pois envolve a geração de *hashing* de dados por meio de *chips* de circuitos integrados específicos de aplicativos (ASIC) de alto desempenho. A prova de trabalho envolve alta energia de computação e eletricidade, o que é um processo caro.

Prova de participação – *proof of stake* (PoS)

A prova de participação é diferente do protocolo de prova de trabalho. Neste algoritmo de consenso, a mineração de novos blocos se torna mais fácil para aqueles que detêm as maiores quantidades da criptomoeda. A forma de mineração PoS usa um sorteio aleatório para decidir quem será o criador do próximo bloco. Nesse protocolo o potencial criador deve colocar ativos na moeda específica e quem tiver mais moedas tem mais chances de ser o criador/sorteado. É necessário alocar uma quantidade de moedas para este processo e caso tente comprometer ou alterar o bloco perderá suas moedas. Sendo assim, os criadores do novo bloco são escolhidos aleatoriamente de acordo com sua riqueza, também definida como *stake*. Na prova do sistema de apostas, os blocos são considerados "forjados" ou "cunhados". Forjadores são encaminhados para usuários que validam transações e criam novos blocos nesse sistema. A validação de uma transação e a criação de um novo bloco exigem que os falsários coloquem suas moedas em *stake*. A prova do protocolo da estaca é muito mais favorável aos recursos do que a prova de trabalho. Porém, deve-se atentar ao problema chamado *nothing-at-stake*. Um participante sem nada a perder não tem motivos para não se comportar mal. No florescente campo da "criptografia econômica", os engenheiros de *blockchain* estão explorando maneiras de resolver esse e outros problemas. Uma resposta é exigir que um validador bloqueie sua moeda em um tipo de cofre virtual. Se o validador tentar assinar ou bifurcar o sistema, essas moedas serão cortadas. *Peercoin* foi a primeira moeda a implementar a prova de aposta (*proof of stake*), seguida por *blackcoin* e NXT.[12]

Prova de capacidade – *proof of capacity* (PoC)

Prova de espaço ou prova de algoritmo de capacidade usa o espaço livre existente no disco rígido para moedas de minas. Sua própria natureza a torna mais descentralizada e baixa no uso de energia. A atribuição de mais espaço no disco rígido permitirá que os usuários tenham mais "gráficos" de dados. Os nós recebem uma recompensa na

---

[12] LAMOUNIER, Lucas. Algoritmos de Consenso: A Raiz Que Sustenta a Tecnologia Blockchain. **101 Blockchains**, 04 out. 2018. Disponível em: <https://101blockchains.com/pt/algoritmos-de-consenso/>. Acesso em: 31 jan. 2019.

forma da moeda nativa, dependendo do espaço disponibilizado pelos nós para a rede. Variações de prova de capacidade incluem prova de armazenamento e comprovação de espaço. A *burstcoin* é uma moeda que usa esse protocolo de consenso.

Prova de queima – *proof of burn* (PoB)

Prova de queima é um protocolo de consenso que é uma alternativa à prova de trabalho e à prova de capacidade. Nesse algoritmo, as moedas são enviadas pelos mineradores para um endereço inexpugnável (isto é, não é possível gastar o valor). Dessa forma as moedas queimadas não podem ser acessadas e gastas novamente. A ideia por trás da gravação de uma criptografia é que o usuário está disposto a sofrer uma perda de curto prazo por um investimento a longo prazo. Os usuários são recompensados ao longo do tempo, pois ganham um privilégio vitalício para minerar no sistema. Quanto mais moedas um usuário queimar, maior a chance que ele terá de minerar o próximo bloco. A prova de queima funciona como mineração virtual.

Tolerância de falha bizantina delegada (dBFT – *delegated Bizantine Fault Tolerance*)

A alternativa bizantina ou algoritmo distribuído da tolerância falsa bizantina tem esse nome em referência ao problema dos generais bizantinos. Aborda a questão de alcançar consenso em sistemas distribuídos. O dBFT reconhece dois tipos de participantes no ecossistema *blockchain*: operadores de nós profissionais ou nós de contabilidade, que executam nós para ganhar dinheiro; e usuários que estão apenas interessados em fazer uso do *blockchain*. A tolerância de falha bizantina delegada está na divisão de trabalho para fornecer melhor segurança para o *blockchain*. O nó profissional transmite sua versão do *blockchain* para a rede. Se 66% dos outros nós concordarem com a informação, um consenso é alcançado. Quando o consenso não é alcançado, há uma indicação de um nó profissional diferente transmitindo sua versão *blockchain* até que um consenso possa ser estabelecido.

Side chain

Depois de explicar o funcionamento de uma das tecnologias mais inovadoras da atualidade, o *blockchain*, é importante citar algumas novas tecnologia que vêm surgindo: a *side chain* (cadeia lateral). *Side chains* foram escritas pela primeira vez em um artigo chamado "Enabling Blockchain innovations with pegged side chains".

Essas cadeias laterais permitem que *bitcoins* e outros ativos contábeis sejam transferidos entre vários *blockchains*. Isso dá aos usuários acesso a sistemas inovadores de criptomoeda usando os ativos que já possuem. Ao reutilizar a moeda *bitcoin*, esses sistemas podem mais facilmente interagir uns com os outros e com o *bitcoin*, evitando a escassez de liquidez e flutuações de mercado.

Pelo fato de serem bidirecionais entre *bitcoin* e cadeias laterais atreladas, ela é isolada: no caso de uma quebra de criptografia (ou desenho malicioso) em uma cadeia lateral, o dano é inteiramente confinado à própria cadeia lateral.

A solução proposta é a transferência de ativos, fornecendo provas de posse nas operações que destinem a si mesmos, evitando a necessidade de nós para rastrear a cadeia de envio. Em um nível elevado, quando se deslocam ativos de um *blockchain* para outro, criamos uma transação no primeiro *blockchain* e bloqueio dos ativos; em seguida, criamos uma transação no segundo *blockchain* cujas entradas contêm uma prova criptográfica de que o bloqueio foi feito corretamente. Essas entradas são marcadas com um tipo de ativo, por exemplo uma *hash* gênese do seu *blockchain* original. Porém, é importante salientar que essa tecnologia da *side chain* está em experimento – inclusive por ser uma nova ideia de *blockchain*, serão necessários ajustes. Recentemente o projeto AELF está usando esse protocolo em sua moeda.

Assim como a *side chain*, vão surgir muitas outras cadeias, umas bem parecidas com a do *bitcoin* e outras com grandes diferenças. Portanto, fique ligado nas novas tecnologias que podem surgir no decorrer do tempo.

Hash, assinaturas e transações

Hashes

Se você entender as funções de *hash*, tornará mais fácil a compreensão de outros conceitos como a prova de violação, as impressões digitais e o local de origem. A função *hash* recebe uma entrada de qualquer comprimento e cria uma saída de comprimento fixo. Normalmente, quando um *hash* é calculado dentro do *bitcoin*, é calculado duas vezes. Na maioria das vezes, os *hashes* SHA-256 são usados; no entanto, o RIPEMD-160 também é usado quando um *hash* menor é desejável (por exemplo, ao criar um endereço de *bitcoin*).[13]

---

[13] SEAN. If you understand Hash Functions, you'll understand Blockchains. **Decentralize Today**, Nov. 29, 2016. Disponível em: <https://decentralize.today/if-you-understand-hash-functions-youll-understand-blockchains-9088307b745d>. Acesso em: 31 jan. 2019.

Exemplo de codificação double-SHA-256 da *string* "hello":

É preciso uma *string* de entrada que crie uma sequência de letras e números aleatórios. Isso é chamado de resumo da mensagem.

```
Olá
2cf24dba5fb0a30e26e83b2ac5b9e29e1b161e5c1fa7425e73043362938b9824
(primeira rodada de SHA-256)
9595c9df90075148eb06860365df33584b75bff782a510c6cd4883a419833d50
(segunda rodada de SHA-256)[14]
```

Para endereços *bitcoin* (RIPEMD-160), isso daria:

```
Olá
2cf24dba5fb0a30e26e83b2ac5b9e29e1b161e5c1fa7425e73043362938b9824 (a
primeira rodada é SHA-256)
b6a9c8c230722b7c748331a8b450f05566dc7d0f (com RIPEMD-160)
```

O número 256 geralmente se refere ao comprimento da saída. Ou seja, SHA-256 produzirá uma saída de 256 *bits*.

Árvore de Merkle

Trata-se de um tipo de estrutura de dados que contém uma árvore de informações resumidas sobre um pedaço maior de dados, usado para verificar seu conteúdo – por exemplo, árvores binárias de *hashes*. As árvores em *bitcoin* usam um SHA-256 duplo, o *hash* SHA-256 do *hash* SHA-256 de alguma coisa. Se, ao formar uma linha na árvore (diferente da raiz da árvore), ela tiver um número ímpar de elementos, o *hash* duplo final será duplicado para garantir que a linha tenha um número par de *hashes*.

Primeiro, forme a linha inferior da árvore com os *hashes double*-SHA-256 ordenados dos fluxos de *bytes* das transações no bloco.

Depois cada entrada é o duplo SHA-256 concatenado em 64 *bytes* dos dois *hashes* correspondentes abaixo dela na árvore.

---

[14] BITCOIN STACKEXCHANGE. **How do you perform double-SHA-256 encoding?** Disponível em: <https://bitcoin.stackexchange.com/questions/5671/how-do-you-perform-double-sha-256-encoding?noredirect=1>. Acesso em: 31 jan. 2019.

Esse procedimento se repete recursivamente até alcançarmos uma linha que consiste em apenas um único *hash* duplo. Esta é a raiz Merkle da árvore.

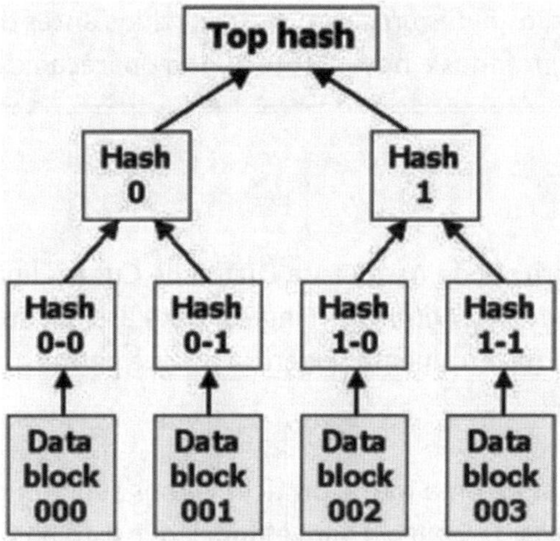

Fonte: extraído de <https://pt.wikipedia.org/wiki/%C3%81rvores_de_Merkle#/media/File:Hash_tree.png>. Acesso em: 31 jan. 2019.

Por exemplo, imagine um bloco com três transações (a, b e c). A árvore Merkle é:

```
d1 = dhash (a)
d2 = dhash (b)
d3 = dhash (c)
d4 = dhash (c) # a, b, c são 3. Esse é um número ímpar, então repetimos duas vezes

d5 = dhash (d1 concat d2)
d6 = dhash (d3 concat d4)

d7 = dhash (d5 concat d6)
```

Onde:

```
dhash (a) = sha256 (sha256 (a))
```

D7 é a raiz Merkle das três transações neste bloco.

> Nota: *hashes* na *Merkle tree* exibidos no *Block Explorer* são de notação *little-endian*. Para algumas implementações e cálculos, os *bytes* precisam ser revertidos antes de serem criptografados e novamente após a operação de *hash*.

Assinaturas

O *bitcoin* usa o Algoritmo de Assinatura Digital de Curva Elíptica (ECDSA –*Elliptic Curve Digital Signature Algorithm*, em inglês) para assinar suas transações. Uma assinatura digital é uma ferramenta poderosa porque permite atestar publicamente toda a transação.

Vamos tentar explicar de uma forma prática. Vamos supor que Maria, que está em São Paulo, deseja enviar 0,5 *bitcoin* para Manoel, que está na China. Maria vai acessar sua carteira, que contém seus *bitcoins*, mas para ela acessar a carteira precisa comprovar que é ela mesmo. Portanto, será necessária a chave privada para assinar e decodificar a criptografia da carteira dela. Após Maria adicionar sua chave privada, será fornecido acesso para enviar seus *bitcoins* para o Manoel. Durante esse processo a carteira da Maria vai assinar a transação e a validará pelos nós da rede.

Verificação de transação

A criptografia por trás do endereço público é baseada na criação de enigmas matemáticos que são difíceis de resolver sem determinado conhecimento sobre como foram criados. O criador guarda aquele conhecimento secreto (a chave privada) e publica o enigma (a chave pública). O enigma pode então ser usado para confundir uma mensagem de um jeito que somente o criador possa "desconfundi-la". Portanto, as transações são registros assinados criptograficamente que atribuem a propriedade de *bitcoins* a novos endereços. As transações têm entradas e registros que fazem referência aos fundos de outras transações anteriores e saídas que registram e determinam o novo dono dos *bitcoins* transferidos, e que serão referenciados como entradas em transações futuras conforme esses fundos forem transferidos. Cada entrada deve ter uma assinatura digital criptográfica que desbloqueia os fundos da transação anterior. Somente a pessoa que possui a chave privada apropriada é capaz de criar uma assinatura satisfatória; isso, na verdade, garante que os fundos só possam ser gastos por seus proprietários.

Em uma transação, a soma de todas as entradas deve ser igual ou maior que a soma de todas as saídas. Se as entradas excederem as saídas, a diferença é considerada uma taxa de transação e é resgatável por quem primeiro inclui a transação na cadeia de bloco. Um tipo especial de transação, chamado de transação "base de moedas", não tem entradas. É criada por mineradores a uma transação de base por bloco[15].

Como cada bloco vem com uma recompensa de *bitcoins* recém-criados (por exemplo, 20 BTC para os primeiros 120.000 blocos), a primeira transação de um bloco é a transação que concede essas moedas ao destinatário (os mineradores) da transação. Além das moedas recém-criadas, essas também são usadas para atribuir ao recebedor quaisquer taxas de transação que foram pagas dentro das outras transações que estão sendo incluídas no mesmo bloco. A transação com base em moedas pode atribuir a recompensa inteira a um único endereço de *bitcoin* ou dividi-la em partes entre vários endereços, assim como qualquer outra transação. As transações da base de moedas sempre contêm resultados que somam o prêmio do bloco mais todas as taxas de transação coletadas das outras transações no mesmo bloco. A transação no banco de moedas no bloco zero não pode ser gasta. Isso se deve a uma peculiaridade da implementação do cliente de referência que abriria o potencial para uma bifurcação de cadeia de blocos se alguns nós aceitassem o gasto e outros não o fizessem.

A maioria das saídas de *bitcoin* sobrecarrega as moedas recém-transferidas com uma única chave privada ECDSA. O registro real salvo com entradas e saídas não é necessariamente uma chave, mas um *script*. O *bitcoin* usa um sistema de *script* interpretado para determinar se os critérios de saída foram atendidos, com os quais operações mais complexas são possíveis, como saídas que requerem duas assinaturas ECDSA ou esquemas de duas ou três assinaturas. Uma saída que referencia um único endereço *bitcoin* é uma saída típica; as informações dessa saída são reunidas na forma de um *script* que requer uma única assinatura do ECDSA. O *script* de saída especifica o que deve ser fornecido para desbloquear os fundos mais tarde e, quando chegar a hora de gastar a transação em outra entrada, essa entrada deve fornecer todas as coisas que satisfazem os requisitos definidos pela saída original.

---

15 BITCOIN STACKEXCHANGE. **What is the Coin Base Text of a bitcoin block?** Disponível em: <https://bitcoin.stackexchange.com/questions/65453/what-is-the-coin-base-text-of-a-bitcoin-block>. Acesso em: 31 jan. 2019.

Endereços

Um endereço de *bitcoin* é, na verdade, o *hash* de uma chave pública do ECDSA, calculado dessa maneira:

```
Versão = 1 byte de 0 (zero); na rede de teste, este é 1 byte de 111
Key hash = Versão concatenada com o RIPEMD-160 (SHA-256 (chave pública))
Soma de verificação = 1º 4 bytes de SHA-256 (SHA-256 (Key hash))
Bitcoin Address = Base58Encode (Key hash concatenado com Checksum)
```

A codificação *Base58* usada é caseira e tem algumas diferenças. Especialmente, zeros à esquerda são mantidos como zeros únicos quando a conversão acontece.[16]

Contratos inteligentes

Sabemos da importância do *Service Level Agreement* (SLA) – ou Acordo de Nível de Serviço (ANS), em português. Ele é fundamental para qualquer contrato de prestação de serviços em TI. Refere-se à especificação, em termos mensuráveis e claros, de todos os serviços que o contratante pode esperar do fornecedor na negociação. Atualmente existem SLAs focados no cliente ou em serviços. Ambos são importantes no mundo corporativo e exigem acompanhamento da execução de cada um, e para isso são utilizados softwares para monitorar os dados em tempo real. Nesses softwares é possível gerenciar o percentual de fechamento de chamados de acordo com a meta estipulada pelo gestor.

Os principais pontos do SLA podem ser resumidos em:

- Definição dos resultados a serem obtidos.
- Tempo de execução da atividade a ser desenvolvida.
- Definir os responsáveis pelas atividades e o envolvimento que terão.
- Definir as ferramentas que serão utilizadas.
- Detalhar qual será a qualidade do trabalho que deverá ser entregue.

---

[16] ANATOMIA de um Bitcoin Transação. **Bitcoin-S**, 27 fev. 2017. Disponível em: <http://bitcoin-s.info/pt/anatomiya-bitcoin-tranzaktsij/>. Acesso em: 31 jan. 2019.

Os contratos de nível de serviço (SLAs) adicionam complexidade adicional a qualquer processo. Os termos e condições dos SLAs geralmente criam confusão e exigem recursos adicionais para serem mantidos.

Embora os SLAs ofereçam benefícios, eles ainda exigem muito suporte humano. Se houver uma disputa, a empresa deve responder às solicitações dos clientes. Por exemplo, se um provedor de serviços em nuvem concordar com um SLA de 99,95% de disponibilidade em uma região durante todo o ano, uma única falha poderá não violar esse SLA. Mas, ainda assim, o provedor acabará respondendo a consultas de muitos clientes. Se o provedor automatizar o SLA usando contratos inteligentes, os clientes receberão reembolsos automaticamente em caso de violação. O provedor de nuvem não precisa perder tempo e recursos respondendo a consultas após cada interrupção de um grande número de clientes. E mais uma vez a tecnologia *blockchain* pode ajudar a solucionar alguns desses problemas usando contratos inteligentes nas empresas com gerenciamento de SLA.

Com a ajuda do *blockchain* é possível aumentar a eficiência dos negócios, fornecer melhor segurança, coordenar projetos complexos e melhorar a satisfação dos clientes.

A melhor maneira de descrever contratos inteligentes é comparar a tecnologia a uma máquina de venda automática. Normalmente, você procuraria um advogado ou um tabelião, pagaria e aguardaria enquanto recebia o documento. Os contratos inteligentes não apenas definem as regras e penalidades em torno de um contrato da mesma maneira que um contrato tradicional, como também impõem automaticamente essas obrigações. Um bloco de código registrado na contabilidade de uma plataforma *blockchain* é capaz de impor automaticamente cláusulas contratuais entre as partes. Como o código-fonte para esses contratos é visível publicamente, e a plataforma *blockchain* em que o código reside garante imutabilidade, os atores que interagem através de um contrato inteligente podem ter certeza de que nenhum comportamento espúrio será possível a partir de qualquer uma das partes contratantes, criando assim a base para interações confiáveis em um ambiente desconfiado. Além disso, os contratos inteligentes podem reduzir significativamente os custos associados à elaboração de um acordo de ligação em comparação com as práticas legais padrão. Finalmente, a capacidade de mover rapidamente fundos através da criptomoeda subjacente à plataforma *blockchain* em que reside o contrato inteligente pode tornar essas transações mais baratas de executar e mais rápidas para resolver. Enquanto ainda há uma série de questões que envolvem o uso de contratos inteligentes, os benefícios destacados podem ser um argumento muito forte para a sua adoção em todos os cenários onde os acordos legais tradicionais seriam muito caros ou muito complicados.

Transações automatizadas

IBM e *Bank of Tokyo* estão usando um programa piloto *blockchain* para automatizar suas transações comerciais mútuas. A IBM tem investido pesadamente na tecnologia. Ela fez progressos significativos na cadeia de suprimentos e na logística baseada em *blockchain*. Portanto, esse programa piloto para melhorar o acordo de nível de serviço em interações comerciais multipartidárias fornecerá um novo caminho para melhorar a eficiência. A IBM usará sensores IoT para monitorar sua entrega de equipamentos de TI para o *Bank of Tokyo* e registrá-los em um *blockchain*. O projeto está usando o *Hyperledger*, uma plataforma *blockchain* de código aberto.

Posteriormente, a IBM pretende aumentar o escopo do piloto para acionar processos de faturamento e pagamento automatizados. Automação semelhante pode beneficiar outras empresas também.

Segurança de transação

As empresas que consideram o gerenciamento de SLAs com *blockchain* devem considerar os problemas de segurança relacionados aos contratos *blockchain* e *smart*. Os *blockchains* são muito confiáveis. *Bitcoin blockchain* gravam transações desde 2009 sem qualquer violação de dados. Mas os contratos inteligentes são uma história diferente. Eles são códigos de computador individuais e, como qualquer outro código, podem ter erros. Porém, à medida que mais empresas começarem a adotar contratos inteligentes para cumprir seus SLAs, haverá mais modelos padrão e bases de código totalmente testadas disponíveis. À medida que esses modelos e bases de código amadurecem, os SLAs ativados por *blockchain* fornecerão transações mais seguras.

Terceirização de múltiplos fornecedores

Contratos inteligentes podem ajudar as empresas a lidar com situações complexas de terceirização. É mais fácil gerenciar contratos e resultados entre várias partes com SLAs habilitados para *blockchain*. A natureza distribuída do *blockchain* significa que todos podem ter visibilidade do trabalho que está ocorrendo. Não há necessidade de uma autoridade central para gerenciar todas as regras de engajamento.

Contratos com *blockchain* ou contratos inteligentes não substituirão todos os contratos de nível de serviço, mas desempenharão um papel significativo na automação de partes dos SLAs nos próximos anos. Além disso, devido ao interesse crescente, os desenvolvedores estão procurando maneiras melhores de auditar os códigos de contratos inteligentes. O *Quantstamp* criou um protocolo de auditoria de segurança de contrato inteligente. Mais desenvolvedores provavelmente encontrarão soluções semelhantes para melhorar a qualidade dos contratos inteligentes. À medida que a qualidade melhora, mais empresas começarão a usar o gerenciamento de SLA ativado por *blockchain*.

Pagamentos já são uma realidade

Já faz tempo que as criptomoedas deixaram de ser novidade. Com sua popularização, o alto valor do *bitcoin* e a ascensão de outras moedas digitais, essa tecnologia descentralizada está crescendo nas transações rotineiras na internet. A popularização em massa dos pagamentos com as criptomoedas não deve demorar para acontecer. Inclusive países estão lançando sua própria criptomoeda, como é o caso da Venezuela. Acontecimentos como esses têm se tornado rotineiros. Em 2015 o Equador foi o primeiro governo a lançar um sistema eletrônico de pagamentos baseado em plataforma de *blockchain*: a moeda é usada para dar suporte ao uso de dólares dentro da economia do país. Veja alguns países que estão aderindo a essa nova tendência mundial[17]:

- **Tunísia:** o país lançou um sistema de pagamento de contas, taxas e serviços usando uma criptomoeda validada por seu próprio Banco Central. A criptomeda substituiu o e-dinar, uma moeda virtual usada pelo país em 2009, mas que não se apoiava em uma plataforma de *blockchain*.
- **Senegal:** os cidadãos do país podem optar por manter carteiras digitais de criptomoedas ou contas bancárias com o franco, a moeda local. As duas podem ser usadas ao longo de toda a cadeia econômica do país.
- **Suécia:** os suecos já estão entre os maiores usuários de *bitcoin* do mundo. Para 2019, aguarda-se o anúncio do lançamento da criptomoeda nacional. Ela está em desenvolvimento pelo governo, que tem o objetivo de abandonar em definitivo o dinheiro em papel.
- **Estônia:** outra nação conhecida por aderir rapidamente a novas tecnologias, a Estônia tem um governo que já usa plataformas de *blockchain* para armazenar dados. A criptomoeda nacional está em desenvolvimento, mas já tem nome: *estcoin*.

---

[17] HEATHMAN, Amelia. Move over, bitcoin. These countries are creating their own digital currencies. **Verdict**, Sep. 27, 2017. Disponível em: <https://www.verdict.co.uk/bitcoin-countries-digital-currency/>. Acesso em: 31 jan. 2019.

- **Japão:** os Jogos Olímpicos de Tóquio, em 2020, são o prazo estabelecido pelo sistema bancário para o lançamento da *J Coin*, a criptomoeda que será largamente utilizada pelos turistas que vão visitar o país nessa época.
- **Israel:** para criar um sistema de pagamento mais ágil e reduzir o uso de notas em papel, além de combater a lavagem de dinheiro, a nação trabalha em uma plataforma digital completa, que deverá ser lançada em 2019.
- **Dubai:** dentro de alguns meses, os cidadãos poderão usar a moeda *EmCash* em todo o sistema bancário do país.
- **Brasil:** a criptomoeda nacional ainda está em estudo, mas o país deve começar a fornecer financiamento, por meio do Banco Nacional de Desenvolvimento Econômico e Social (BNDES), usando sua própria moeda criptografada.

Evolução do *blockchain* 1.0

Como foi possível perceber, houve muitas inovações e tecnologias. O *blockchain* 1.0 era o *bitcoin* e as *altcoins* simples (como o *litecoin*). Isso continuou de 2009 até aproximadamente 2013/2014. *Blockchain* 2.0 foi a extensão de *blockchain* 1.0 para privacidade, contratos inteligentes e o surgimento de *tokens* e capacidades de *blockchain* de ativos não nativos (considerados de 2014 até o presente).

Essa quebra foi criada porque os *blockchains* que definiam *blockchain* 2.0 ofereciam mercados e oportunidades significativamente diferentes da geração anterior. *DApps* como Auger ou Cryptokitties não foram possíveis com o protocolo *blockchain* 1.0. ICOs (*Initial Coin Offering*) e DAOs (*Decentralized Autonomous Organization*) não eram possíveis no *blockchain* 1.0. O *blockchain* 2.0 ofereceu diferentes capacidades que abriram novos mercados e mudaram significativamente o cenário.

Estendendo essa lógica para a próxima geração, o *blockchain* 3.0 teria que oferecer uma mudança significativa, não apenas oferecendo melhores capacidades, mas fazendo isso de forma a possibilitar novos mercados e oportunidades. Exemplos de características que precisam ser adotadas no *blockhain* 3.0:

- Serviços de segunda camada que permitem transações instantâneas e baratas no *blockchain* (*Lightning network* para o *bitcoin,* plasma para *ethereum* ou *flash network* para a IOTA e outros protocolos como *Raiden*, etc.).
- Escalabilidade e interoperabilidade.
- Surgimento de aplicativos descentralizados (Golem, Sia, Aragon e IOTA via emaranhado).

Os *blockchains* 1.0 e 2.0 trouxeram grandes inovações para o mercado, desde desenvolvimento de aplicações descentralizadas até protocolos de consenso diferenciados. E será apenas questão de tempo até o *blockchain* 3.0 chegar com sua interoperabilidade entre *blockchains* e escalabilidade. Serviços de segunda camada com transações instantâneas já têm se tornado realidade. Portanto, podemos dizer que já estamos vivendo a nova revolução do *blockchain* 3.0.

Indústrias que serão interrompidas com o *blockchain*

É muito importante desmitificar as criptomoedas. Sempre quando se fala em criptoativos, muitas pessoas ligam a tecnologia somente a formas de pagamentos, porém isso é um erro. Atualmente essa tecnologia está mudando várias áreas, desde saúde até indústrias de *games*. Por exemplo:

- **Votação:** nas eleições de 2018 no Brasil, um dos candidatos a presidente, João Amôedo, sugeriu a implementação do *blockchain* nas urnas eletrônicas brasileiras. Um dos pontos mais importantes é a inviolabilidade e a transparência que o uso do *blockchain* pode fornecer nas apurações dos votos. Por se tratar de um sistema incorruptível, e criptografado, a possibilidade de erros é quase zero. Foi anunciado em 2018 um projeto piloto que planeja realizar pela primeira vez uma eleição pública por meio do *blockchain* nos Estados Unidos. A tecnologia vinha sendo testada no estado da Virgínia Ocidental e inicialmente seria restringida a eleitores militares que não poderiam votar pessoalmente. Dessa forma, eles vão poder escolher pelo celular os pré-candidatos a vários cargos federais, como juízes e senadores.[18]
- **Finanças:** acredito que essa será uma das áreas que mais sofrerá mudanças, afinal corretoras de diversos países já estão acolhendo o mercado de criptomoedas e fornecendo serviços. Recentemente uma das maiores bolsas de negociações do mundo começou a negociar contratos futuros e, ao longo de 2018, foram feitos vários pedidos de ETF (*Exchange-Traded Fund*). Portanto, fica evidente que a forma de negociar fundos está prestes a mudar, e em um futuro próximo poderemos ver ações de empresas tornando-se *tokens*. Isso já é realidade para algumas empresas que fazem seus *tokens security*, os quais possuem lastros. Um exemplo desse tipo é o caso do Banco Mundial, que realizou uma captação de US$ 80 milhões de dólares através do BOND-i

---

[18] PARTZ, Helen. Cidadãos de West Virgínia começam a usar o aplicativo de votação móvel baseado em blockchain. **Coin Telegraph**, 26 set. 2018. Disponível em: <https://br.cointelegraph.com/news/west-virginians-begin-using-blockchain-based-mobile-voting-app>. Acesso em: 04 fev. 2018.

(instrumento de dívida operado via *blockchain*). A execução e a venda desse título couberam ao *Commonwealth Bank of Australia* (CBA). A era dos *tokens security* está só começando.[19]

- **Música:** projetos como Ujo, mycelia, bitsong e choon são alguns exemplos de plataformas que buscam descentralizar a forma de os músicos registrarem seus direitos autorais – tudo isso por meio do *blockchain*. Serviços de *streaming* também são fornecidos de forma transparente e automática. Mediante a programação estabelecida, é possível dar incentivos aos usuários e automatizar os pagamentos para os músicos.
- **Propriedade:** o *blockchain* é perfeito para manter registros de propriedade. A Factom está usando o *blockchain* para ajudar empresas e governos a gerenciar dados e manter registros. Registros financeiros garantem nosso dinheiro. Registros imobiliários protegem nossa propriedade. E os registros dos cidadãos protegem nosso crédito e identidades. Todos esses registros podem ser hackeados ou alterados de maneira maliciosa, se existirem em um local centralizado. Com a tecnologia *blockchain*, todas as informações são replicadas nos servidores que executam o sistema. É quase impossível invadir uma rede de processamento distribuída. Este é um dos maiores ativos do *blockchain*. Você terá provas e registros de propriedade indiscutíveis. E, ainda por cima, você possui os registros e os compartilha com aqueles de sua confiança.[20]
- **Combate às falsificações:** fraudes em documentos de identidade, milhas e sistemas de fidelidade são alguns dos exemplos mais comuns de falsificações. No entanto, o *blockchain* pode ajudar a combater esse tipo de problema graças às suas transações verificadas e ao seu banco de dados, que é incorruptível. Por necessitar de verificações e autenticação criptográfica, a falsificação fica quase impossível com o uso do *blockchain*.
- **Saúde:** um problema que tem passado despercebido por sistemas de saúde é a falta de armazenamento dos históricos de saúde dos pacientes e a interoperabilidade dos sistemas de hospitais. Com o uso do *blockchain* é possível armazenar todos os dados do paciente, independentemente da especialidade ou hospital. Após as informações serem inseridas é possível consultá-las de forma única. Imagine: exames, tratamentos, medicamentos, diagnósticos e

---

[19] CUNHA, Gustavo C. S. A era dos security tokens: Banco Mundial capta US$ 80 mi com primeiro "blockchain bond". **InfoMoney**, s.d. Disponível em: <https://www.infomoney.com.br/mercados/bitcoin/noticia/7590089/a-era-dos-security-tokens-banco-mundial-capta-us-80-mi-com-primeiro-blockchain-bond>. Acesso em: 31 jan. 2019.

[20] LONG, Will. How Blockchain Technology Is Disrupting Everything. **Techday**, s.d. Disponível em: <https://techdayhq.com/community/articles/how-blockchain-technology-is-disrupting-everything>. Acesso em: 31 jan. 2019.

receitas, tudo armazenado em um único banco de dados e podendo ser consultado pelo especialista que for tratar o paciente. É de suma importância ter segurança no banco de dados, e nada melhor do que criptografia para zelar pela segurança dos dados e precaver falsificações.

- **A indústria jurídica:** com o *blockchain* é possível armazenar e verificar documentos e dados. Por exemplo, atestados de óbito, autenticação de documentos, contratos e cadastros de pessoas. Portanto, de forma automática são fornecidas segurança aos clientes e facilidade no compartilhamentos de arquivos, evitando assim cópias ou perda de documentos durante esse processo. Quaisquer alterações nos documentos serão autenticadas e armazenadas. A tecnologia *blockchain* também pode eliminar problemas legais relacionados à herança, incluindo até ativos de criptomoeda. O Safe Haven, por exemplo, oferece aos usuários a oportunidade de proteger ativos digitais para que o legado do investidor possa ser passado para seus filhos ou designado com segurança. Essa tecnologia elimina longas batalhas judiciais acerca de herança digital.
- **O setor de investimentos anjos:** os anos de 2017 e 2018 foram uma época onde muitas *fintechs* e *startups* arrecadaram recursos através de ICO (abreviação para *Initial Coin Offering*, oferta inicial de moedas). Por meio dessa arrecadação, os projetos que estão em fase de desenvolvimento têm condições de dar prosseguimento e aperfeiçoar a ideia. Um dos pontos interessante é que todos os usuários que contribuírem para a empresa são recompensados com *tokens* ou moedas que futuramente podem valorizar. Após essa valorização os usuários podem repassar seus *tokens* para outros por meio do livre mercado. Essa iniciativa desburocratizou a arrecadação de fundos; porém, muitos projetos com esquema de pirâmides se aproveitaram dessa situação para lesar os investidores. É importante salientar que muitas dessas arrecadações não possuem lastro com a empresa, tratando-se apenas de *tokens* utilitários. Podemos comparar essa modalidade com IPO (do inglês *Initial Public Offering*), que é um tipo de oferta pública.
- **A indústria de vídeo:** as pessoas buscam liberdade de escolha, e o *blockchain* pode desempenhar um papel significativo nessa decisão. Assim como a indústria de vídeo tem sofrido mudanças, a de *games* não tem ficado para trás. O público está cansado da enxurrada de propagandas ao assistir um conteúdo sem ganhar nenhuma recompensa por isso, e os produtores estão insatisfeitos com as pequenas remunerações. Tudo isso acontece porque uma única empresa é a intermediadora desses serviços. Porém, projetos baseados em *blockchain* estão vindo para mudar essa realidade. O projeto Viuly é um exemplo, pois se trata de uma plataforma descentralizada de vídeos. Os produtores vendem acesso a seu conteúdo premium, recebem doações de usuários e ganham com

anúncios em vídeo. Os usuários assistem vídeos gratuitos e recebem recompensas (moedas). Sendo assim, os anunciantes colocam anúncios e pagam diretamente aos usuários da plataforma. E da mesma forma funciona com projetos no nicho de *games*, como é o caso da Abyss, projeto que comissiona programadores de jogos e usuários que utilizam a plataforma.

- **A indústria da educação:** quando foi a última vez que você precisou dos seus certificados? Embora ele esteja guardado, você sabe que um dia vai precisar deles. Com o *blockchain*, você não precisaria guardá-los se pudessem ser criados certificados digitais para consultá-los de forma segura através de um banco de dados. Outro ponto fundamental é o trabalho intelectual no Brasil, que é pouco valorizado. Por meio da criptografia é possível proteger a propriedade intelectual e rastreá-la de forma a não haver cópias, e tudo isso de forma automática por meio dos contratos inteligentes.

Como você pode ver, a tecnologia tem o potencial de interromper e alterar as operações de muitos setores diferentes, incluindo alguns não mencionados. Os gastos mundiais em soluções *blockchain* podem chegar a US$ 11,7 bilhões em 2022, de acordo com uma pesquisa da *International Data Corporation* (IDC)[21].

Aqui estão algumas das outras áreas em que o *blockchain* está pronto para causar impacto:

- Gerenciamento de esportes e eventos
- Cartões de presente e sistemas de pagamento temporário
- Programas de fidelidade do cliente
- Governo e registros públicos
- Cuidados de saúde
- Indústria de *games*
- Fotografia
- Internet das coisas (IoT)
- Armazenamento em nuvem
- Credenciais do trabalhador
- Rastreamento de armas
- Aplicação da lei

---

[21] FADILPASIC, Sead. Blockchain Investments Pie Could Reach USD 11.7 billion in 2022. **Cryptonews**, July 20, 2018. Disponível em: <https://cryptonews.com/news/blockchain-investments-pie-could-reach-usd-11-7-billion-in-2-2287.htm>. Acesso em: 04 fev. 2019.

- Recursos humanos
- Negociação de ações
- Relatórios de crédito e acompanhamento de histórico
- Financiamento colaborativo

Esta não é de forma alguma uma lista abrangente. À medida que a tecnologia evolui ao longo do tempo, ela será adaptada para funcionar em vários setores, alguns dos quais nunca imaginamos que adotariam um sistema descentralizado como *blockchain*.[22]

Considerações finais

Muitos economistas costumam dizer que o *bitcoin* e as criptomoedas são desprovidas de lastro. Historicamente, o dinheiro escolhido pelo mercado, por excelência, tinha seu lastro baseado no ouro como principal ativo utilizado pelos bancos. Portanto, eram emitidos bilhetes lastreados no ouro, e aqueles bancos que emitissem mais bilhetes do que ouro em custódia estariam mais facilmente sujeitos a insolvência no instante em que os clientes questionassem a presença de lastro em posse do banco e exigissem em massa o resgate em espécie.

Entretanto, com a consagração do sistema de bancos centrais nos últimos dois séculos, o lastro em ouro tomou contornos distintos. Com o passar dos anos, as instituições financeiras emitiram suas próprias moedas de papel, dentro de suas regras e ficando distantes do lastro do ouro, consequentemente inflacionando sua moeda. Portanto, no decorrer do tempo foi feita emissão monopolística pelo estado. Então já é sabido que as instituições financeiras podem emitir a quantidade de dinheiro que achar necessário, mesmo que essa ação ocasione a desvalorização do seu dinheiro. No caso do *bitcoin*, e das criptomoedas, o lastro físico é provido pela escassez, afinal, diferentemente das moedas das instituições, o *bitcoin* não pode ser impresso, pois já existe uma quantidade máxima que pode ser alcançada. E por esse motivo é um lastro matemático, no entanto não pode ser esquecida a tecnologia que está por trás do *bitcoin*, o *blockchain*. Ao longo de 2017 e 2018 temos percebido a quantidade de *fintechs* e empresas aderindo à tecnologia. Isso com certeza é um grande indicativo de que existe um valor real, e seu verdadeiro lastro é a própria tecnologia *blockchain*.

---

[22] SWAN, Melanie. **Blockchain:** blueprint for a new economy. Sebastopol, CA: O'Reilly Media, 2015.

Sabemos que desde a invenção do *blockchain* nunca se ouviu falar de um possível erro na cadeia de blocos, ou algum erro que permitisse a perda de dados. No entanto, nem tudo é perfeito: devido à falta de supervisão regulatória, golpes e manipulação de mercado são comuns por se aproveitarem da ignorância dos investidores. No mercado de criptoativos o investidor tem total obrigação de cuidar de seus ativos digitais e zelar pela sua segurança. Há sempre uma chance de que a *exchange* ou carteira *on-line* onde você guarda suas moedas seja hackeada. Isso pode ser feito por práticas obscuras ou simplesmente por um deslize do usuário, e nesse caso a responsabilidade é total do investidor.

Embora a tecnologia *blockchain* seja incrível, ela não é criada do nada. E para isso ser feito é necessário um determinado trabalho que tem um alto custo de energia para ser realizado, chamado mineração das moedas. Mas, assim como o ouro ou qualquer material precioso, é necessário muito esforço e trabalho para alcançá-los – não poderia ser diferente com o *bitcoin* e seu *blockchain*. E graças a esse esforço hoje a rede do *blockchain* do *bitcoin* é extremamente valiosa – com uma capacidade atual de mercado de US$ 132 bilhões de dólares.

Sabemos que nos dias de hoje os bancos exercem um enorme poder de *lobby* junto aos governos e legisladores. Instituições bancárias lucram valores exorbitantes com o papel de intermediário e, como o custo é distribuído entre seus milhões de clientes, os usuários finais geralmente pagam muito pouco individualmente, porém são totalmente dependentes do serviço. Em 2018 foram registradas várias denúncias por parte de clientes de instituições bancárias: os bancos estavam cancelando suas contas correntes pelo fato de os usuários estarem utilizando tais contas para comprar ou vender criptomoedas. Apesar das instituições alegarem que o motivo do cancelamento era desinteresse na conta do usuário, os clientes ratificam dizendo que a verdadeira causa era a movimentação de dinheiro em suas contas para comprar criptomoedas.

Porém, é importante ressaltar que, caso o investidor tenha tido ganho de capital em operações que superaram R$ 35 mil reais, este ganho deve ser declarado no IR (Imposto de Renda). Embora as indústrias de serviços financeiros busquem reduzir drasticamente sua utilidade e restringir os usuários de suas negociações, caso o cliente tenha algum ganho ele é obrigado a declarar no imposto de renda. Essa é uma das questões que tem levantado debates.

Embora haja muitos obstáculos significativos tentando diminuir cada vez mais o acesso a esse mundo descentralizado, a tecnologia é soberana e incorruptível. Tivemos a guerra das correntes elétricas, que foi uma disputa entre George Westinghouse e Thomas Edison que ocorreu nas duas últimas décadas do século XIX. Os dois tornaram-se adversários devido à campanha publicitária de Edison pela utilização da corrente contínua para distribuição de eletricidade, em contraposição à corrente alternada, defendida por Westinghouse e Nikola Tesla. Prevaleceu a corrente alternada, por demonstrar maior capacidade de suprir as necessidades das pessoas em todas as residências. E a corrente contínua ficou somente em carros, equipamentos e dispositivos que precisam de partida por meio de uma bateria. O que eu quero dizer com isso é que o *blockchain* não pode ser parado, pois se trata de uma tecnologia revolucionária, descentralizada e incorruptível. Na medida em que o tempo vai passando, cada vez mais empresas e pessoas vão percebendo a importância e o quanto de benefícios a tecnologia vai poder fornecer. Diante de todas as informações apresentadas neste capítulo, é muito fácil perceber que estamos vivendo uma ruptura no modelo global tradicional das empresas por meio da tecnologia *blockchain*.

3. *Compliance*

Maria Gabriela Duva

Como definir *compliance*?

> ...Agir de acordo com uma regra, uma instrução interna, um comando ou um pedido, ou seja, estar em "compliance" é estar em conformidade com leis e regulamentos externos e internos. (Michael Pereira de Lira[23])

> ...O conjunto de disciplinas para fazer cumprir as normas legais e regulamentares, as políticas e as diretrizes estabelecidas para o negócio e para as atividades da instituição ou empresa, bem como evitar detectar e tratar qualquer desvio ou inconformidade que possa ocorrer. (Wikipédia[24])

"Compliance" é o termo que designa atendimento e cumprimento de normas e regras legais e regulamentares. A Lei Anticorrupção número 12.846, de 1º de agosto de 2013, é uma importante ferramenta na administração de empresas, capaz de agregar valor aos seus negócios.

Uma empresa que deseja se consolidar no mercado no longo prazo deve alinhar sua função de *compliance* aos objetivos estratégicos, missão e visão da companhia.

Padrões elevados de *compliance* contribuem para uma maior diferenciação entre as empresas, impactando na cadeia de atuação como um todo, inclusive nas relações com consumidores e parceiros comerciais, garantindo ao seu negócio condições mais favoráveis à recepção de novos investimentos.

---

[23] LIRA, Michael Pereira de. O que é compliance e como o profissional da área deve atuar? **Jusbrasil**, s.d. Disponível em: <https://michaellira.jusbrasil.com.br/artigos/112396364/o-que-e-compliance-e-como-o-profissional-da-area-deve-atuar>. Acesso em: 11 jan. 2019.

[24] Disponível em: <https://pt.wikipedia.org/wiki/Compliance>. Acesso em: 11 jan. 2019.

A crescente pressão externa pela adoção de padrões éticos que gerem valor a todos os seus *stakeholders* (os atores envolvidos na órbita da empresa, como fornecedores, atacadistas, varejistas, funcionários, etc.) deve impulsionar as organizações para a criação de programas preventivos e de monitoramento constante.

É através das ferramentas de *compliance* que uma empresa pode alcançar com maior solidez seus objetivos estratégicos.

A sinergia da empresa com todas as normas, ditames de regulamentação e controles internos eficientes representa maior qualidade na atividade empresarial (respeito às normas de qualidade), economia de recursos (evitando gastos com multas, punições e cobranças judiciais) e fortalecimento da marca no mercado (empresa séria e ética).

Um programa eficiente de *compliance* é determinante para conferir proteção financeira e administrativa ao seu empreendimento, auxiliando no alcance do almejado crescimento estável – fator relevante para obter sucesso no cenário econômico atual.

Além disso, como ferramenta de governança corporativa, um programa estruturado de *compliance* possibilita a delimitação de um ambiente seguro para a interação harmoniosa entre a empresa, seus acionistas e órgãos de administração, salvaguardando a incolumidade de diretores e membros de conselhos de administração, tanto do ponto de vista do Direito Administrativo quanto da perspectiva do Direito Penal.

Quais são os objetivos, papéis e responsabilidades da função de *compliance* na organização?

1. Analisar meticulosamente os riscos operacionais.
2. Gerenciar os controles internos (o profissional dessa área é uma espécie de "xerife" das normas e procedimentos, em todas as esferas da organização).
3. Desenvolver projetos de melhoria contínua e adequação às normas técnicas.
4. Analisar e prevenir fraudes (esse profissional tem também papel consultivo; não se trata apenas de cobranças e imposição de mudanças).
5. Monitoramento, junto aos responsáveis pela TI, no que se refere às medidas adotadas na área de segurança da informação.
6. Realização de auditorias periódicas.
7. Gerenciar e rever as políticas de gestão de pessoas, juntamente com os responsáveis pela área de Gestão de Capital Humano, e trabalhar na elaboração de manuais de conduta.

Os processos dentro das empresas têm que atingir o resultado que se espera e devem estar:

1. Alinhados com a estratégia da empresa.
2. Adequados ao propósito a que se destinam.
3. Alinhados com os problemas práticos.
4. Objetivos e operação claros.
5. Compreendido, seguido e referenciado.
6. Robustos, controláveis e mensuráveis.
7. Envolvidos com as outras áreas.
8. Suportados pela liderança (financeira e politicamente).

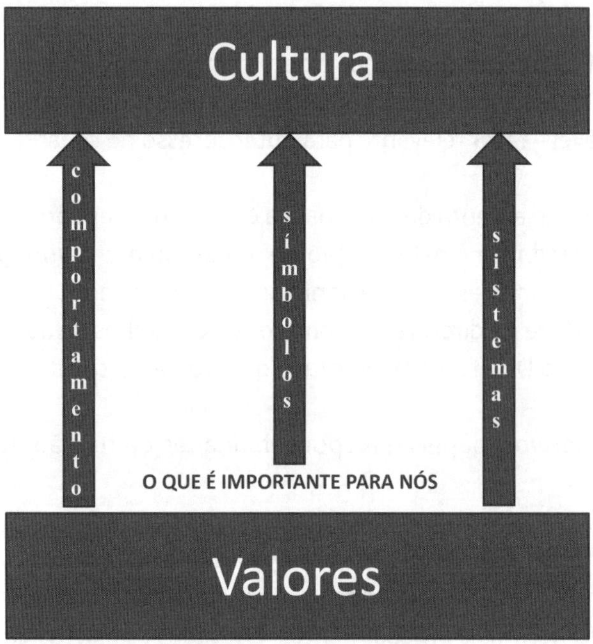

O que é importante para nós

Valores enriquecedores	**Valores egoístas**
Performance	Dinheiro
Foco no cliente	Status
Trabalho em equipe	Independência
Meritocracia	Evitar conflito
Disciplina	Poder
Segurança	Popularidade

Como definir a cultura de uma empresa?

A cultura deve estar compartilhada em todas as dimensões da empresa. O que define a cultura cabe em uma mão.

Cultura é um fenômeno coletivo.

Há três níveis:

1. O que você vê.
2. Qual estratégia de aquisição.
3. Cultura/princípios.

Como se cria uma cultura?

Toda empresa começa com a sua intenção. Está na personalidade do fundador, do acionista. É importante entender a essência do negócio, qual o *mindset* decisório, qual a espinha dorsal e a essência da tomada de decisão.

"Não se gerencia o que não se mede, não se mede o que não se define, não se define o que não se entende, e não há sucesso no que não se gerencia", dizia W. Edward Deming.

Listo a seguir os componentes, ou pilares, mínimos de um programa de *compliance* de acordo com os requerimentos do *Federal Sentencing Guidelines*:

1. Avaliação de riscos e determinação de respostas aos riscos.
2. Definição de políticas e procedimentos.
3. Suporte da alta administração.
4. Comunicação e treinamento.
5. *Due diligence* de terceiros.
6. Monitoramento, e auditoria, do funcionamento do programa.
7. Disponibilização de um mecanismo para reporte ou auxílio, de forma anônima e/ou confidencial, em relação a condutas, ou suspeitas de condutas, criminosas.
8. Investigação de, e respostas para, condutas inconsistentes com os objetivos do programa.
9. Melhoria contínua (reiniciar o ciclo a partir do item 1).

Estratégias de gestão de riscos

Há **cinco estratégias** que serão selecionadas com base no grau de risco, no nível dos recursos da empresa e no apetite de risco da empresa.

1. Aceitar o risco.
2. Eliminar o risco.
3. Controlar, ou mitigar, o risco.
4. Transferir o risco.
5. Explorar o risco.

Uma das fases do levantamento dos riscos é identificar as regulamentações (internas e externas) e as leis que são aplicáveis às suas operações.

É de extrema importância para todos os pilares de um programa de *compliance* documentar os resultados do levantamento de riscos e os tornar oficiais por meio de, no mínimo, uma apresentação à alta administração da empresa.

O programa de integridade NÃO precisa necessariamente ser modificado periodicamente.

A exigência legal é de análise periódica de RISCOS, mas não necessariamente essa análise precisa resultar em mudanças ou adaptações do programa.

Tudo dependerá da evolução da empresa, do seu ambiente de negócios e do comportamento dos concorrentes.

Definição de políticas e procedimentos

Para que um programa de *compliance* seja efetivo, é importante enumerar que:

1. O "código de conduta" é imprescindível para servir como o ponto de partida e introduzir, de forma simples e direta, os diversos assuntos componentes do programa de *compliance*.
2. Cada uma das políticas e procedimentos deverá, obrigatoriamente, ser ligada a um tema já constante no código de conduta.
3. Todos os procedimentos e as políticas deverão estar disponibilizados em repertório centralizado ou descentralizado – físico ou eletrônico – e deverão estar prontamente disponíveis quando necessário.

4. A linguagem utilizada nas políticas e nos procedimentos deverá ser clara, acessível e de fácil entendimento para todos os funcionários da empresa.

Código de conduta

O código de conduta deve ser um documento conciso, claro e objetivo, para que possa ser entendido e lembrado por todos.

- Dar a orientação aos funcionários da empresa sobre quais os pacotes de comportamento esperados deles.
- Dar início aos diversos tópicos do programa de *compliance* que serão, posteriormente, detalhados em outras políticas.
- Ser escrito nas línguas nativas dos países em que as operações da empresa estão localizadas – com as traduções realizadas e/ou revisadas.
- Dar exemplos e explicações.
- Ser escrito em linguagem clara, direta, simples e sem termos complexos, vagos ou dúbios.
- Conter a descrição de potenciais sanções em caso de não cumprimento do código de conduta.
- Conter o caminho a ser seguido pelos funcionários em caso de dúvidas.
- Reiterar a responsabilidade adicional dos gestores em dar suporte a seus subordinados, ou quaisquer outros funcionários, no entendimento e cumprimento do código.
- Estar relacionado a todas as outras políticas do programa, pois se não for possível relacionar uma política do programa de *compliance* ao código de conduta, então o código está incompleto ou a política é desnecessária.
- Ser acessível a todos.
- Ser impresso.
- Ser ÚNICO para toda a empresa.
- Ser revisado periodicamente.

A aplicação eficiente de um programa de integridade é medida, entre outros fatores, pelo comprometimento dos profissionais encarregados da sua gestão.

A divulgação de códigos de ética e de conduta e demais ferramentas não assegura por si só o cumprimento das regras e dos mecanismos ali estabelecidos. A nomeação de um profissional ou de uma equipe de profissionais para desempenhar o papel de gestor(es) é fundamental para assegurar a adesão de todos ao programa de integridade e mantê-lo compatível com a realidade da empresa.

O número de profissionais destacados para atuar na gestão do programa de integridade dependerá da estrutura da empresa, sendo imprescindível a sua acessibilidade junto aos funcionários e colaboradores. Os gestores de *compliance* devem atuar próximos a todas as áreas, sobretudo aquelas que tenham exposição a situações de potencial risco.

Os gestores devem contar com o apoio incondicional e irrestrito da alta administração e manter um canal de comunicação direto com ela, dispondo de autonomia e poder para tomar decisões necessárias para a proteção dos interesses da empresa, respeitadas as competências dos sócios e administradores.

Caso os gestores ocupem outros cargos na empresa e estejam envolvidos com outras atividades, é necessário que reservem tempo para se dedicar às questões de *compliance*, seja para a realização de treinamentos, seja para apuração de denúncias, entre outras atribuições.

O perfil do profissional que assumirá as funções de gestor do programa não é algo definitivo ou específico. Não é obrigatório que esse profissional tenha formação jurídica, o importante é que conheça e esteja familiarizado com a legislação pertinente, para que possa interpretá-la e aplicá-la corretamente.

Políticas do programa de *compliance*

Há diversas políticas que compõem um programa de *compliance*, e a adoção de cada uma delas depende da realidade de cada empresa, como ramo de atuação, tamanho, estrutura societária, processos de tomada de decisão, processos operacionais, usos de terceiros, grau de envolvimento e negociação com órgãos públicos, grau de regulamentação e de dependência de licenças e permissões, etc., bem como dos riscos identificados.

1. Conflito de interesses
2. Viagens, presentes, hospitalidade e entretenimento
3. Doações e patrocínios
4. Canais de denúncia e investigações (de fraudes e má conduta)
5. Uso de informações privilegiadas (*insider trading*)
6. Assédio e discriminação
7. Política de práticas de competição leal (*fair competition*)
8. Gestão e retenção de registros (*record management/retention*)
9. *Trade compliance*

10. Controles financeiros e registros contábeis
11. Saúde, segurança e ambiente

Políticas sobre os processos de *compliance*

A própria regulamentação da Lei nº 12.846/2013 cita que, para conseguir demonstrar a efetividade de um programa de *compliance*, é requerido que a empresa prepare dois relatórios, o de perfil, que descreve as operações da empresa, e o do programa de conformidade, que detalha todo o funcionamento do programa.

Após mais de quatro anos da vigência da Lei Anticorrupção, ainda há muito o que aprender em matéria de *compliance*. A resistência de pequenas e médias empresas é grande, seja pelo fato de terem pouca interação com a administração pública, seja por considerarem o *compliance* uma questão supérflua e inacessível.

Mas o *compliance* chegou para ficar e não há possibilidade de retrocesso. Os mercados estão mais rigorosos, transparentes e exigentes com o desenvolvimento de políticas que ditem normas de comportamento e conduta nas empresas.

A política de "tolerância zero" com a corrupção, fraudes, desvios de conduta, atitudes antiéticas e toda prática de ilícito ganha cada vez mais força e está na ordem do dia de qualquer organização que pretenda desenvolver seus negócios.

O *compliance* como necessidade

A legislação anticorrupção representa um divisor nas práticas até então costumeiras no mundo corporativo. Com a edição da Lei nº 12.846 em 2013 e do seu regulamento por meio do Decreto nº 8.420 em 2015, as empresas foram forçadas a rever conceitos e comportamentos e a aperfeiçoar suas relações com entes públicos e privados.

Transparência, ética e integridade se tornaram onipresentes no vocabulário empresarial. O desenvolvimento e a própria conclusão de negócios adquiriram uma nova exigência, qual seja, a verificação do cumprimento das boas práticas de *compliance* pelas partes envolvidas.

> Embora a legislação anticorrupção já esteja em vigor há mais de quatro anos, ainda há muito o que fazer.

A iniciativa apressada de muitas empresas de simplesmente replicar manuais, códigos e políticas existentes no exterior, sem o devido cuidado em adequá-los à realidade brasileira, é medida temerária e inócua.

Um programa de integridade eficiente e válido do ponto de vista jurídico precisa ser efetivo, e essa efetividade exige uma profunda compreensão da cultura local e dos maus hábitos praticados até então de forma corriqueira e até mesmo inconsequente.

O novo marco legal traz sanções rígidas que podem resultar no próprio extermínio da empresa ou colocá-la em posição bastante frágil a ponto de tornar inviável sustentar seus negócios.

Por esse motivo, não se deve menosprezar a importância do tema e atribuir o seu devido destaque na rotina empresarial.

O *compliance* exige dedicação e comprometimento permanentes. Não se trata de algo que possa ser resolvido em uma única etapa com mera divulgação de um manual com regras diversas.

O desenvolvimento da cultura do *compliance* pressupõe, entre outros fatores, a avaliação de riscos e das áreas mais sensíveis, o treinamento dos funcionários para conhecimento das regras e da melhor forma de sua aplicação, a implantação de canal de denúncias que permita a prestação anônima de informações, a apuração efetiva das infrações identificadas e, por fim, a aplicação de sanções compatíveis com as violações praticadas.

Suporte da alta administração

O suporte da alta administração é entendido como um dos pilares mais importantes, senão o mais importante, de um programa de *compliance*.

É preciso que a alta administração:

1. Conheça e supervisione o conteúdo e a forma de operação de seu programa de *compliance*.
2. Defina um responsável – capacitado – pela operação rotineira e pela efetividade do programa.
3. Defina e aloque recursos adequados e suficientes para a operação do programa.

Dentre os parâmetros fixados no Decreto nº 8.420/2015 para avaliação do programa de integridade, destaca-se o "comprometimento da alta administração da pessoa jurídica, incluídos os conselhos, evidenciado pelo apoio visível inequívoco do programa". Afinal, não há programa que se sustente que não conte com o apoio incondicional dos dirigentes da empresa.

Mas como cumprir fielmente com esse requisito? Primeiramente, é preciso que os membros da alta administração estejam pessoalmente envolvidos com a implantação do programa de integridade, desde a fase da sua criação até sua aplicação efetiva. Além disso, que esse apoio seja divulgado e se faça presente no ambiente de trabalho.

Dez dicas para a alta administração

1. Comparecer e participar ativamente das sessões de treinamento, que deverão ser direcionadas a todos.
2. Direcionar recursos para os gestores do programa para que possam desenvolver e implementar as ferramentas de *compliance*.
3. Divulgar mensagens institucionais para os funcionários e colaboradores com apoio expresso ao programa e às iniciativas do(s) seu(s) gestor(es).
4. Realizar reuniões periódicas com o(s) gestor(es) do programa de integridade para avaliar sua aplicação e adesão dos funcionários e colaboradores.
5. Incluir mensagem no prefácio do código de ética como demonstração de apoio às regras ali contidas.
6. Apoiar de forma inequívoca as decisões tomadas pelo(s) gestor(es) do programa de integridade.
7. Adotar comportamento condizente com as regras do programa de integridade, sendo exemplo para os demais funcionários.
8. Fazer contatos periódicos com funcionários de diferentes setores da empresa para um *feedback* do programa e de sua gestão, utilizando as informações para aprimoramento.
9. Colaborar efetivamente com sugestões e críticas aos instrumentos e ferramentas que integrem o programa de integridade.
10. Estimular o uso dos canais de denúncia, assegurando o anonimato e a ausência de retaliações.

Comunicação e treinamento

Após a empresa ter definido que vai implementar o programa de *compliance*, o próximo passo é informar a todos da empresa e iniciar um treinamento.

A comunicação não deve ser pensada apenas como uma forma de treinamento, pois comunicação também se refere àquela comunicação com os órgãos mais altos da empresa. Manter a alta direção, ou o conselho, informados sobre tudo o que acontece dentro e ao redor do programa de *compliance* é, também, função deste pilar.

A única regra é que a comunicação seja relevante, frequente, em linguagem clara, para o grupo de pessoas adequado e positiva.

Pontos de preocupação específicos para o treinamento

- A seleção de quais são os treinamentos "de *compliance*", para que exista foco naquilo que é relevante para o programa da empresa.
- A definição do público-alvo para cada treinamento de *compliance*.
- A decisão sobre se, e quais, terceiros/intermediários/agentes serão também treinados, e em quais conteúdos.
- A escolha de quem será o facilitador do treinamento.
- A decisão sobre a obrigatoriedade ou não da participação de cada público-alvo.
- O registro, acompanhamento e reporte da efetiva realização do treinamento e da participação de convidados.
- A efetiva cobrança pela participação daqueles que, porventura, tenham faltado a treinamentos obrigatórios.
- A mediação ou não da retenção do conhecimento, com a realização de testes/provas ao final do treinamento.

Due diligence de terceiros

O que se busca em uma *due diligence* é identificar se há ou não indicadores de potenciais problemas passados – *red flags* – em relação ao risco que se está tentando minimizar durante o processo de contratação.

Atualmente, quando falamos em *due diligence*, estamos basicamente falando em *due diligence* anticorrupção, que é o risco de *compliance* mais relevante em uma relação de representação com um terceiro.

> Nem todos os terceiros, ou fornecedores, de uma empresa requerem *due diligence*, pois há relações de prestação de serviços ou fornecimento de bens que não trazem nenhum risco de corrupção para a empresa.

As *due diligences* podem, e devem, ser realizadas em diferentes profundidades. Para os casos mais simples, ou melhor, para os casos de menor risco para a empresa, uma simples busca na internet pode ser suficiente; já para os casos mais críticos, a *due diligence* deverá ser bem mais profunda.

Monitoramento e auditoria do funcionamento do programa

> Monitorar é medir riscos e controles.

O monitoramento pode ser realizado pelo responsável pelas atividades do programa de *compliance*, enquanto a auditoria deve ser realizada por alguém/alguma função independente da realização das atividades.

Ou seja, monitorar é verificar se a implementação do programa de *compliance* está surtindo os efeitos desejados e se seus componentes/pilares estão devidamente "acontecendo", além de identificar se os riscos identificados previamente continuam se comportando de forma esperada e, ainda, se novos riscos não surgiram no decorrer das operações.

Monitorar é, na prática, responder a perguntas que trazem a indicação do funcionamento de cada etapa/pilar do programa de *compliance*. Dessa forma, definir quais são as perguntas a serem respondidas é o primeiro passo do processo de monitoramento.

Canal direto

Disponibilização de um mecanismo para reporte ou auxílio, de forma anônima e/ou confidencial, em relação a condutas, ou suspeitas de condutas, criminosas.

Por que devemos ter canais de denúncia implementados em nossos programas de *compliance*?

1. Denúncias são a melhor fonte de informações para a identificação de fraudes internas.

2. Os funcionários que querem fazer a coisa certa e que estão vendo algo errado acontecendo precisam ter um canal seguro para comunicar suas preocupações.

Confidencialidade

Por que ela é tão importante durante todo o processo de acolhimento da denúncia e investigação?

- Danos à reputação de alguém.
- O sucesso da investigação pode ser prejudicado.
- O objeto da investigação poderia tentar encobrir qualquer má conduta.
- A empresa poderá enfrentar publicidade negativa.
- A capacidade da empresa para defender qualquer ação legal poderia ser comprometida.
- A divulgação da informação poderia causar retaliação.

O ideal é que sejam adotados múltiplos canais de denúncia.

Além do e-mail, é desejável que denúncias possam ser feitas presencialmente (assegurando-se o sigilo), por carta, por contato telefônico, por WhatsApp ou outro meio disponível de comunicação.

O objetivo é tornar acessível a todos o encaminhamento de denúncias. É preciso submeter a contratação de fornecedores, prestadores de serviço, agentes e intermediários a processos de qualificação.

Investigação de condutas inconsistentes

Uma investigação é um exercício de averiguação de FATOS. Investigações devem determinar, de forma plena e com credibilidade, o que aconteceu em relação a um problema e se, de fato, houve uma conduta imprópria ou não, quais foram as circunstâncias, quem estava envolvido e se uma violação de leis ou políticas internas ocorreu.

> Investigações devem ser percebidas como tendo sido rigorosas, independentes e analíticas.

Benefícios de uma investigação devidamente conduzida:

1. Minimização de riscos.
2. Identificação de pontos fracos nas operações.
3. Remoção de certos indivíduos da empresa.
4. Recuperação de ativos da empresa que foram perdidos por causa de má conduta.
5. Obtenção do processo criminal dos envolvidos.
6. Proteção da imagem pública da empresa e sua reputação.
7. Preparação de litígios cíveis ou penais envolvendo a empresa.

Melhoria contínua

A melhoria contínua pode ser discutida e documentada durante o processo natural de comunicação com sua diretoria/conselho e pode ir desde simples mudança em um termo utilizado em uma política ou treinamento até a revisão total de seu código de conduta.

> Um programa de integridade efetivo é aquele no qual os fornecedores e demais colaboradores externos passam por um processo prévio de qualificação, no qual são feitas diligências diversas para obtenção de informações a seu respeito e o seu compromisso em respeitar e assegurar o cumprimento das normas de *compliance* da empresa contratante.

A grande vantagem se apresenta caso infrações de fato ocorram; o programa de *compliance* permite a sua rápida identificação e a tomada de providências pela empresa.

Principais erros dos programas de *compliance*

1. Reprodução de manuais e outras ferramentas de *compliance* de empresas estrangeiras sem se ater às exigências legais brasileiras e à cultural local.
2. Códigos de ética e de conduta com linguagem difícil e baseados em situações distantes do dia a dia.
3. Canais de denúncia disponíveis apenas para um grupo seleto de funcionários.
4. Ausência de autoridade e independência do gestor do programa de integridade.
5. Treinamento direcionado apenas para determinados setores da empresa.
6. Falta de comprometimento e de apoio da alta administração com a implementação da política de *compliance*, não se envolvendo de forma proativa na prevenção e no cumprimento de regras.
7. Ausência de treinamentos periódicos, ainda que para relembrar a todos a existência e as regras do programa de integridade.
8. Falta de atualização dos códigos de ética e de conduta para acompanhar a evolução da empresa e as mudanças do mercado no qual ela está inserida.
9. Apuração de denúncias sem o devido contraditório e ampla defesa do denunciado.
10. Dosimetria equivocada na aplicação de medidas disciplinares no caso de violação do programa.

As consequências administrativas estão elencadas a seguir, cautelarmente:

- Suspensão dos efeitos do ato ou processo investigado.
- Reparação do dano.
- Publicação da condenação.
- Pena de multa de 0,1% a 20% sobre o faturamento bruto, limitado a R$ 60 milhões.
- Registro no CNEP/CEIS (Cadastro Nacional de Empresas Punidas/Cadastro Nacional de Empresas Inidôneas).

O *compliance* é para todos?

Não há dúvidas de que todas as empresas devem adotar práticas de *compliance* nos seus negócios. A legislação não prevê dispensas ou isenções nesse contexto para empresas de pequeno ou médio porte. E o mercado está cada vez mais exigente quanto à adesão às boas práticas de *compliance*. O desenvolvimento de um programa de integridade não serve apenas para beneficiar a pessoa jurídica de uma eventual redução de multas administrativas, mas também para proteger a sua reputação e reforçar seus princípios e valores. Independentemente do porte da empresa e das atividades desenvolvidas, é importante demonstrar um efetivo direcionamento positivo de suas políticas internas de controle e transparência, destinadas a garantir uma sólida cultura ética e íntegra, que assegure o sucesso dos negócios sem a exposição negativa de reputação e imagem que determinadas práticas questionáveis possam trazer.

Referências

ESTELLITA, Heloisa. **Responsabilidade Penal de Dirigentes de Empresas por Omissão:** estudo sobre a responsabilidade omissiva imprópria de dirigentes de sociedades anônimas, limitadas e encarregados de cumprimento por crimes praticados por membros da empresa. São Paulo: Marcial Pons, 2017.

FREITAS, Maria Ester de. **Cultura Organizacional:** evolução e crítica. São Paulo: Thomson Pioneira, 2007.

GIOVANINI, Wagner. **Compliance:** a excelência na prática. 2014.

GONSALES, Alessandra et al. **Compliance:** a nova regra do jogo. São Paulo: LEC, 2016.

Newsletters de Demarest Almeida, Ulhoa Canto Advogados, Levy & Salomão Advogados, Insper.

TAYLOR, Carolyn. **Walking The Talk:** building a culture for success. London: Rh Business Books, 2015.

4. Gestão Estratégica e o Impacto nos Resultados do Negócio

Luís Oliveira

A estruturação da gestão estratégica, com toda sua abrangência e capacidade de transformação, proporciona às organizações vantagem competitiva dinâmica, adaptável e compatível com os desafios e as demandas de um mercado em contínua transformação. Através dessa abordagem, a organização terá todas as condições para alcançar resultados superiores e consistentes, garantir longevidade do negócio, liderança de mercado e ter uma diferenciação na entrega contínua do valor e benefícios esperados por todos os *stakeholders*.

Para usufruir dessa "fórmula de sucesso", entretanto, é fundamental que o sistema de gestão seja sistêmico – integrando sistemas, cadeias de valor e processos –, se mantenha focado em entregar resultados e seja fundamentado em metodologias comprovadamente eficazes, bem como amparado por uma cultura corporativa totalmente alinhada com objetivos e metas cruciais voltadas para a competitividade e a sobrevivência da empresa.

Nesse contexto, a visão a ser alcançada pela gestão estratégica pode ser a seguinte: "ter todos os funcionários engajados e participando ativa e continuamente nas iniciativas de melhoria dos processos, produtos e serviços, visando alcançar as metas e os objetivos estratégicos da organização".

Estruturar essa sistemática requer não apenas o tempo adequado para implementar toda a complexidade conceitual e metodológica requerida para a gestão estratégica, mas, principalmente, que os gestores assumam a responsabilidade de conduzir uma transformação cultural que garanta o engajamento e o comprometimento contínuo em todos os níveis na organização.

Um fator fundamental para a sobrevivência no atual ambiente mutável dos negócios é a capacidade da empresa de se manter em sintonia com as tendências de mercado, de ter agilidade para se adaptar, inovar, reinventar e, assim, consolidar sua competitividade. Essas competências precisam ser construídas por meio de uma gestão estratégica bem estruturada e fundamentada por um plano estratégico abrangente, que direcione a organização para a liderança no seu segmento de atuação.

Desenvolvimento de um plano estratégico

O plano estratégico permite alinhar todos os recursos humanos da organização para a realização da gestão estratégica, estabelecendo caminhos, bem como objetivos e metas vitais a serem alcançados em um horizonte de longo, médio e curto prazo. Esse direcionamento estratégico deve ser objetivo, claro e nortear os rumos que a empresa seguirá na sua busca por sobrevivência, crescimento e inovação.

A falta de um plano estratégico bem estruturado deixa a empresa à deriva, sem objetividade e foco, tornando-a vulnerável à dinâmica implacável do mercado, seja pela atuação de concorrentes, seja pela mudança no ambiente do negócio, como, por exemplo, inovações tecnológicas que podem tornar obsoletos os serviços e produtos oferecidos.

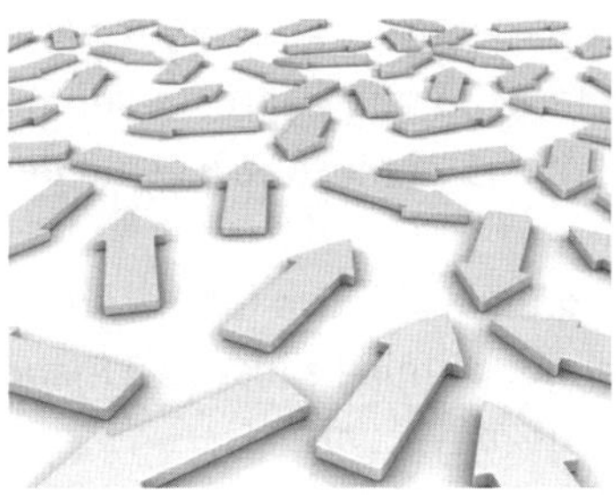

*Organizações **sem** direcionamento estratégico.*

Cultura e disciplina têm importância vital no desenvolvimento e na aplicação do planejamento estratégico, especialmente no sentido de garantir o sucesso na trajetória das organizações, na medida em que determina os caminhos a serem seguidos, as escolhas a serem feitas e as formas de atuação e operação.

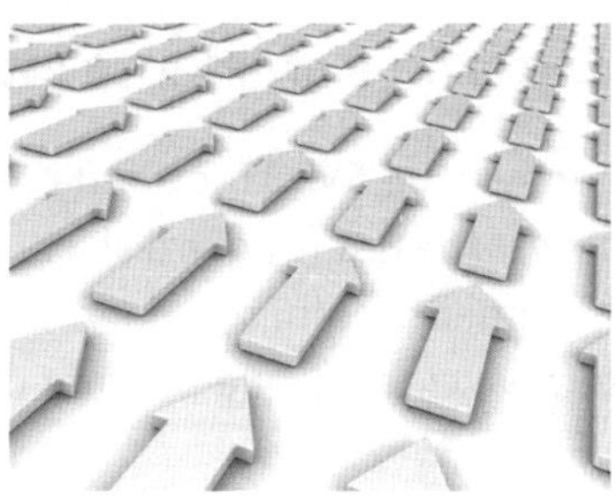

*Organizações **com** direcionamento estratégico.*

Um plano estratégico eficaz que equacione os fatores críticos do negócio e possibilite à organização cumprir sua missão e visão deverá estabelecer um conjunto abrangente de objetivos e metas relativos a todos os aspectos do negócio: crescimento, faturamento, *market share*, lucratividade, fidelização dos clientes, produtividade, qualidade, redução de custos e prazos, melhoria dos processos, capacitação e engajamento dos colaboradores, parceira com fornecedores, inovação em produtos e serviços, etc.

É fundamental para o sucesso do planejamento estratégico a utilização de metodologias eficazes. Felizmente, nas últimas décadas podemos contar com metodologias clássicas e consagradas desenvolvidas por grandes gurus da administração, como Michael Porter, Philip Kotler, Jim Collins, Hamel/Prahalad, Robert Kaplan e David Norton.

O planejamento estratégico requer uma análise profunda e ampla, e para tanto deve abranger três grandes etapas analíticas:

- A **missão** de uma empresa deve explicitar de forma concisa seu escopo e sua razão de existência, suas responsabilidades para o mercado e a sociedade. Trata-se de uma declaração que expresse seu propósito e as soluções que oferece para seus clientes, sua filosofia e estilo de atuação e posicionamento de negócio.
- A **visão** vislumbra um grande objetivo futuro, um sonho atingível que a organização almeja alcançar que ilumine e inspire a maneira como os colaboradores e todos os envolvidos devam atuar.
- Os **valores** representam o conjunto dos princípios, crenças e questões éticas fundamentais da organização. Fornecem a sustentação e base para as ações tomadas por todos os colaboradores. Devem orientar decisões da liderança em momentos críticos da organização. São guias para o processo decisório e para o comportamento da empresa no cumprimento da missão e na busca da visão de futuro.

Análise de ambiente externo e ambiente interno

Também conhecido como análise de SWOT, oriunda da abreviação das palavras em inglês: *strengths* (forças), *weaknesses* (fraquezas), *opportunities* (oportunidades) e *threats* (ameaças). Essa ferramenta sumariza de forma estruturada a análise de elementos de ambiente interno e externo que servirão de base para a definição do plano estratégico.

A análise do **ambiente externo** tem o objetivo de identificar e analisar fatores não controláveis pela organização, que podem influenciar e afetar a sobrevivência e o desempenho no cumprimento da sua missão e visão.

Essa análise abrange as principais forças macroambientais (demográficas, econômicas, tecnológicas, políticas, legais, sociais e culturais), bem como os agentes microambientais (consumidores, concorrentes, canais de distribuição, fornecedores), que possam afetar a habilidade da empresa em obter seus resultados. O objetivo é levantar tendências importantes no mercado de forma a identificar os dois tópicos a seguir:

1. **Oportunidades:** forças externas incontroláveis que podem trazer vantagens competitivas para a organização.
2. **Ameaças:** forças externas incontroláveis que, se não neutralizadas, podem trazer desvantagens competitivas para o negócio.

A análise do **ambiente interno** tem o objetivo de identificar e analisar fatores internos que podem afetar seu desempenho e sua capacidade de sobrevivência, mas que podem ser controlados pela organização. Nesse sentido, é possível levantar fatores e processos-chave internos e avaliá-los dentro de uma classificação de forças ou fraquezas:

- **Forças:** pontos fortes internos controláveis que podem, se bem utilizados, trazer vantagens competitivas perante os concorrentes.
- **Fraquezas:** pontos fracos internos controláveis que podem, se expostos ao ambiente, trazer desvantagens competitivas perante os concorrentes.

Definição dos objetivos estratégicos e metas

Neste estágio, a equipe do planejamento estratégico tem uma leitura muito clara e abrangente sobre a organização, as grandes questões e os contextos internos e externos em que os negócios estão inseridos, vislumbra as oportunidades a serem exploradas e ameaças a serem combatidas e tem uma autocrítica consistente de seus pontos fortes e fracos; em resumo, tem subsídios suficientes e está preparada para fazer suas escolhas e determinar os caminhos a serem seguidos.

Os grandes objetivos estratégicos e metas a serem atingidos podem ser definidos em um horizonte de curto, médio e longo prazo (1, 3 e 5 anos). É primordial que esses objetivos sejam declarados de forma quantitativa e as metas devem ser realistas – ousadas, porém factíveis.

Uma atividade fundamental nesta etapa é a definição e seleção das estratégias a serem executadas, visando criar condições para que todos esses objetivos e metas estratégicas sejam alcançados.

Normalmente, são estabelecidos objetivos e estratégias para crescimento sustentável, aumento da rentabilidade, redução de custos, aumento de participação de mercado, reputação, aumento de produtividade, melhoria da qualidade e prazos de atendimento, desenvolvimento de pessoas, inovação etc.

Nesse momento serão definidas as responsabilidades dos líderes pelo cumprimento de cada um dos objetivos e metas e pela execução das estratégias.

Balanced Scorecard

A metodologia do *Balanced Scorecard* (BSC) foi desenvolvida em 1992 pelos professores da Harvard Business School Robert Kaplan e David Norton com o intuito de criar uma sistemática de medição de desempenho que equacionasse o novo ambiente de negócios e a competitividade baseada em ativos intangíveis, como conhecimento e capacidade de inovação.

O objetivo do *Balanced Scorecard* ou "indicadores de desempenho balanceados" é ajudar a organização a estabelecer uma sistemática que permita avaliar o desempenho do negócio além dos modelos tradicionais baseados em métricas financeiras. Nessa nova abordagem, busca-se mensurar atividades que criam valor para os clientes relacionadas a ativos não tangíveis como: competências organizacionais, capacidade de inovação, motivação dos funcionários, tecnologia da informação, excelência em processos etc.

Tem como foco principal estabelecer modelos de gestão que equilibrem indicadores financeiros e não financeiros, dimensões de negócio internas e externas, indicadores de resultados e tendências, além de propiciar uma eficaz tradução e implementação das estratégias nos níveis operacionais das organizações.

Para atingir esse equilíbrio entre o tangível e o intangível, o *Balanced Scorecard* estrutura a mensuração e as estratégias do negócio em quatro perspectivas:

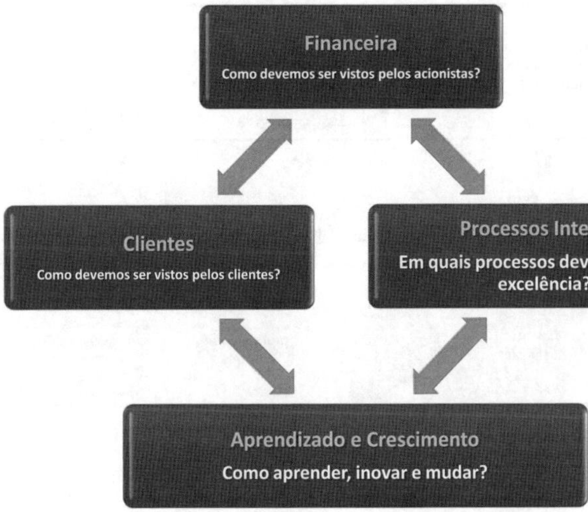

As quatro perspectivas do Balanced Scorecard.

- **Perspectiva financeira** estabelece objetivos financeiros de crescimento e produtividade que assegurem o retorno aos acionistas e a saúde financeira da organização.
- **Perspectiva de clientes** busca definir as estratégias para oferecer maior rentabilidade e valor nos produtos e serviços oferecidos para os clientes-alvo, garantindo sua satisfação plena e consequente fidelização.
- **Perspectiva de processos internos** estabelece as estratégias e diretrizes que promovam o aprimoramento da qualidade e construa um nível de excelência nos processos-chave que estão interligados direta ou indiretamente à cadeia de valor do cliente.
- **Perspectiva de aprendizagem e crescimento** desenvolve estratégias focadas no aumento das competências organizacionais, na melhor utilização para o negócio das tecnologias e sistemas de informação, bem como na consolidação de um clima organizacional que garanta o engajamento e o comprometimento de gestores e equipes com a execução da gestão estratégica.

Outra grande contribuição do *Balanced Scorecard* é o **mapa estratégico**, na medida em que oferece um modelo para estruturação e apresentação das estratégias estabelecidas no planejamento estratégico em um formato visual, de fácil entendimento e integrado às quatro dimensões (perspectivas) do BSC. Esse formato traz uma maior eficácia na comunicação dos objetivos, estratégias e metas a serem buscadas por todos.

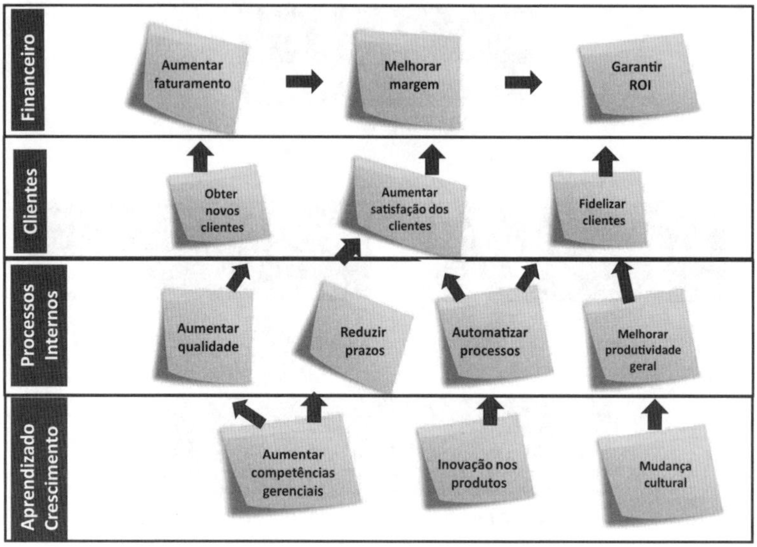

Exemplo de um mapa estratégico.

Desdobramento de objetivos e metas

Dentre os vários elementos que compõem a gestão estratégica, o desdobramento de metas talvez seja o seu componente mais crítico, não pela complexidade metodológica, como ocorre no desenvolvimento do plano estratégico, mas, sim, pelo desafio de realizar a tradução dos objetivos estratégicos para os níveis operacionais da organização de forma integrada, harmônica e eficaz.

Para tanto, será fundamental estruturar uma sistemática clara e bem definida para o desdobramento das estratégias, dos objetivos e das metas junto a todos os níveis da organização. Essa "tradução" requer uma importante competência dos gestores, uma vez que esse desdobramento deve ser feito em linguagem direta e compreensível para cada nível hierárquico.

Níveis do desdobramento das estratégias.

Pesquisas realizadas pela revista *Fortune* identificaram altos índices de falhas – em torno de 90% – na implementação das estratégias planejadas. Cerca de 70% dos motivos dessa ineficiência não estão relacionados à formulação das estratégias, mas à sua implementação, ou seja, as maiores causas de falha estão vinculadas às ações de execução das estratégias na sua fase de implementação.

Nesse contexto, o desdobramento de metas tem um papel determinante para a eficácia da gestão estratégica pelo desafio de conseguir manter uma tradução dos objetivos estratégicos, que devem estar alinhados, sincronizados e harmônicos a cada nível de desdobramento que for realizado, da diretoria até o nível operacional.

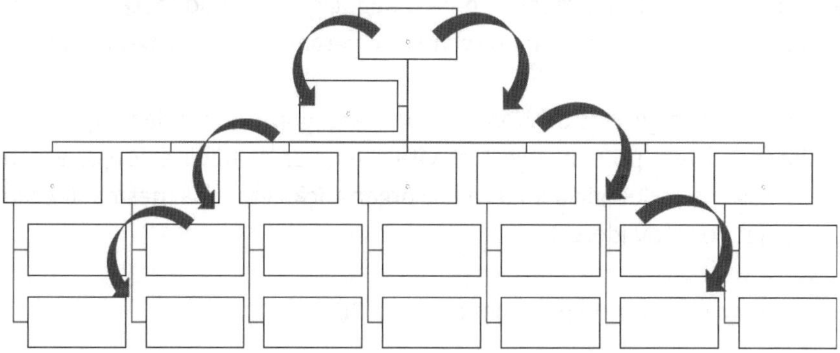

Desdobramento de metas na estrutura organizacional.

Um grande desafio está em garantir que os gestores em todos os níveis hierárquicos da organização tenham um grau de maturidade minimamente homogêneo quanto ao entendimento sistêmico e domínio das metodologias e ferramentas que compõem a gestão estratégica. Estabelece-se uma competência vital para que os gestores consigam realizar as análises dos objetivos estratégicos definidos nos níveis superiores e fazer a adequada transposição para sua área de atuação, sobre a qual tem autoridade e responsabilidade de execução.

Em função das especificidades e particularidades de cada área, o gestor precisa ter a habilidade de equacionar e discriminar de forma clara e objetiva as ações táticas e operacionais necessárias para atender às metas estabelecidas, bem como identificar a necessidade de desdobrar, quando necessário, os indicadores de desempenho dos seus processos-chave para que estejam totalmente correlacionados com os indicadores do negócio do plano estratégico.

Concluído o processo de desdobramento de metas, é essencial estabelecer uma sistemática de revisão e acompanhamento da implementação das estratégias e das ações estabelecidas para todos os níveis da organização. Nesse processo, conhecido como análise crítica de desempenho, serão avaliadas a evolução dos indicadores estratégicos e a eficácia das ações planejadas que foram implementadas.

Hoshin Kanri e A3

De acordo com o vocabulário japonês, *Ho* significa direção; *Shin*, agulha; *Kan*, controle; *Ri*, lógica/razão. Assim, a própria denominação *Hoshin Kanri* já indica que seu objetivo é ser um sistema que direciona o norte verdadeiro para a organização. Enfim, trata-se de uma filosofia de gestão integrada que visa disseminar por toda a organização a visão e os objetivos fundamentais para o negócio, definindo metas e estratégias, alinhando a equipe, dimensionando recursos e gerando ações programadas.

Um dos principais objetivos do *Hoshin Kanri* é assegurar que toda a organização se mantenha focada em poucos objetivos vitais, em vez de diluir esforços em muitas iniciativas. Essa metodologia alinha toda a organização em uma mesma direção para alcançar objetivos inovadores.

Todo o sistema é conduzido pela metodologia PDCA:

- **P** – Planejar a estratégia
- **D** – Executar a estratégia
- **C** – Verificar a eficácia da estratégia
- **A** – Ajustar e refinar a estratégia

Podemos entender que o *Hoshin Kanri* traz um modelo objetivo e eficaz para contribuir no desdobramento de metas, além de desempenhar importante papel ao estabelecer uma sistemática de análise e revisão das ações estratégicas, buscando estabelecer respostas rápidas e ágeis para as ações não realizadas e metas não atingidas através de ações corretivas e da revisão de percurso.

O A3 é a ferramenta que facilita todo o ciclo do PDCA, possibilitando realizar o desdobramento de metas de forma integrada e visual, bem como efetuar a análise crítica de desempenho.

<table>
<tr><th>Situação atual</th><th colspan="4">Ação Tática</th></tr>
<tr><td></td><td colspan="4"></td></tr>
<tr><th>Análise de SWOT</th><th>Plano de ação</th><th>Resp.</th><th>Data</th><th>Status</th></tr>
<tr><td rowspan="6"></td><td></td><td></td><td></td><td></td></tr>
<tr><td></td><td></td><td></td><td></td></tr>
<tr><td></td><td></td><td></td><td></td></tr>
<tr><td></td><td></td><td></td><td></td></tr>
<tr><td></td><td></td><td></td><td></td></tr>
<tr><td></td><td></td><td></td><td></td></tr>
<tr><th>Objetivos estratégicos</th><th colspan="4">Acompanhamento e revisão</th></tr>
<tr><td></td><td colspan="4"></td></tr>
</table>

Exemplo de modelo A3 adaptado para a gestão estratégica.

A grande vantagem de utilizar o A3 é possibilitar que cada gestor tenha a sua própria ferramenta para desdobramento de metas, customizada de acordo com a realidade e a situação atual da sua área de abrangência, incluindo análises (podem ser oriundas do SWOT), objetivos estratégicos e metas a serem alcançadas, desdobramento tático, plano de ação e sistemática de acompanhamento e revisão da execução da estratégia.

O processo de desdobramento de metas alicerçado pelo *Hoshin Kanri* e pelo A3, com a tradução adequada dos objetivos estratégicos e inserido em uma cultura focada na estratégia, permite construir uma sistemática muito robusta e eficaz para que cada colaborador conheça seus desafios de melhoria, saiba seu exato papel na execução das ações propostas, participe ativamente na sistemática de acompanhamento e revisão, enfim, que consiga equacionar adequadamente a rotina com a atuação na melhoria do negócio.

Nesse contexto, a organização estabelecerá uma vantagem competitiva pela sua atuação estratégica frente à dinâmica do mercado, adquirindo a habilidade de detectar, ajustar e reagir agilmente aos contínuos desafios e ameaças em um cenário em grande transformação. Constrói-se, portanto, uma gestão estratégica com robustez e musculatura para tornar a organização mais apta a superar múltiplos desafios em um mundo de negócios incerto e mutante.

Excelência operacional

Outro componente crucial para a gestão estratégica está relacionado à busca pela **excelência operacional**. Nesse momento, é importante enfatizar a importância do conceito da melhoria contínua, uma vez que somente a cultura focada no aprimoramento permanente de processos, produtos, serviços, sistemas, competências, cadeias de valor, etc., praticada por um longo período de tempo, convergirá na construção efetiva da excelência operacional.

É nessa conjuntura que o *Lean Six Sigma* se consolida como uma estratégia fundamental, justamente por fornecer metodologias e ferramentas de alto impacto para a estruturação e o desenvolvimento de projetos de melhoria, que serão aplicados para aprimorar cadeias de valor, produtos e serviços. Esse poderoso arsenal metodológico viabiliza e amplifica o cumprimento dos objetivos e metas do plano estratégico com maior eficácia.

A infraestrutura essencial para a excelência operacional envolve o estabelecimento de um amplo e confiável sistema de medição de desempenho dos processos, serviços e produtos, a partir da utilização de indicadores-chave, como KPIs (*Key Performance Indicators*), para mensurar a eficiência dos processos e indicadores de resultados do negócio, e KRIs (*Key Results Indicators*), para medir a eficácia junto aos clientes e acionistas. Nesse ponto, vale relembrar a famosa frase de Peter Drucker: "o que pode ser medido pode ser melhorado".

Construindo a cultura da gestão estratégica

Uma das maiores responsabilidades da liderança é construir uma cultura em que a gestão estratégica seja uma tarefa de todos, fazendo com que, no seu dia a dia, cada colaborador equilibre suas atividades rotineiras com ações estabelecidas resultantes do desdobramento da estratégia.

Em muitos treinamentos de gestão, quando é feita a pergunta "qual a porcentagem do seu tempo dedicada à gestão estratégica?", a resposta recorrente da maioria é que "110% do tempo" é dedicado a atividades operacionais ou a apagar "incêndios". É a confirmação de que a dinâmica diária acaba "roubando" praticamente toda a atenção e dedicação dos colaboradores. Nesse modelo e cultura de trabalho, as ações ligadas à estratégia, por não terem a mesma "urgência" das demandas diárias, acabam tendo a desvantagem de não serem priorizadas, embora tenham maior importância.

Para romper essa inércia, a alta direção da organização tem a responsabilidade de liderar o processo de transformação cultural focado na gestão estratégica, desenvolvendo e praticando continuamente a perseverança, o foco, a resiliência e a disciplina. A perseverança é necessária pelo longo tempo que será necessário para consolidação de uma cultura. O foco é se manter fiel aos princípios que norteiam a gestão estratégica, evitando atalhos e simplificações que comprometam sua eficácia.

A resiliência será fundamental para construir um nível de maturidade homogêneo entre gestores e equipes quanto ao entendimento e adequação às demandas da gestão estratégica. A disciplina será essencial para que gestores e equipes equilibrem o tempo entre as atividades do dia a dia e aquelas vinculadas à gestão estratégica (cada gestor deve encontrar qual é a percentagem ideal para atuação na rotina e na estratégia em função do seu nível gerencial).

A estruturação e a sustentação de todos os componentes da gestão estratégica são um dos maiores desafios e uma das principais atribuições da equipe de gestores, devendo ser lideradas de forma inspiradora e perseverante pelo CEO/Presidente da organização.

O sucesso e a liderança da organização não serão obtidos ao acaso; ao contrário, serão o resultado de muito esforço na estruturação dos fundamentos da gestão estratégica, cuja consolidação irá requerer um amplo repertório de conceitos e metodologias, cultura organizacional madura e um senso de propósito inabalável de todos na empresa.

Nesse momento de grandes e rápidas transformações na sociedade, nas tecnologias, no comportamento e nos valores de pessoas e empresas, torna-se ainda mais vital que as organizações consolidem uma gestão estratégica eficaz, que as direcione no sentido de alcançar seus objetivos e metas estratégicas, superando os desafios impostos por um mercado tão dinâmico e competitivo.

5. A Evolução Contínua dos Métodos de Excelência

Adélio Pereira de Souza Júnior

Este capítulo trata de dois temas: uma visão geral sobre a evolução, aplicação e convergência de distintos métodos de excelência relacionados à melhoria, ao gerenciamento de projetos e à inovação; e um processo de mensuração da maturidade do processo de excelência dentro das organizações que suporte uma evolução contínua na jornada para a excelência, bem como o alcance dos objetivos estratégicos dos negócios.

Métodos de excelência

Existem diversas filosofias, metodologias, padrões e ferramentas de excelência em uso e isso faz a seguinte pergunta ser recorrente: "qual(is) devo adotar em minha organização?".

Uma metodologia orienta sobre "como" algo deve ser efetuado com vistas a alcançar um determinado objetivo dentro de um contexto específico. Assim sendo, ela indica: os princípios a aplicar, as abordagens a utilizar, como selecionar as ferramentas mais adequadas, os papéis e as responsabilidades. Isso significa que a seleção da metodologia a utilizar é algo crucial na jornada para a excelência de uma organização, pois os resultados variarão em função de sua escolha.

No gráfico a seguir verificamos como essas metodologias têm sido utilizadas no apoio à jornada para a excelência das organizações.

Metodologias e soluções em uso para suportar a excelência de processos

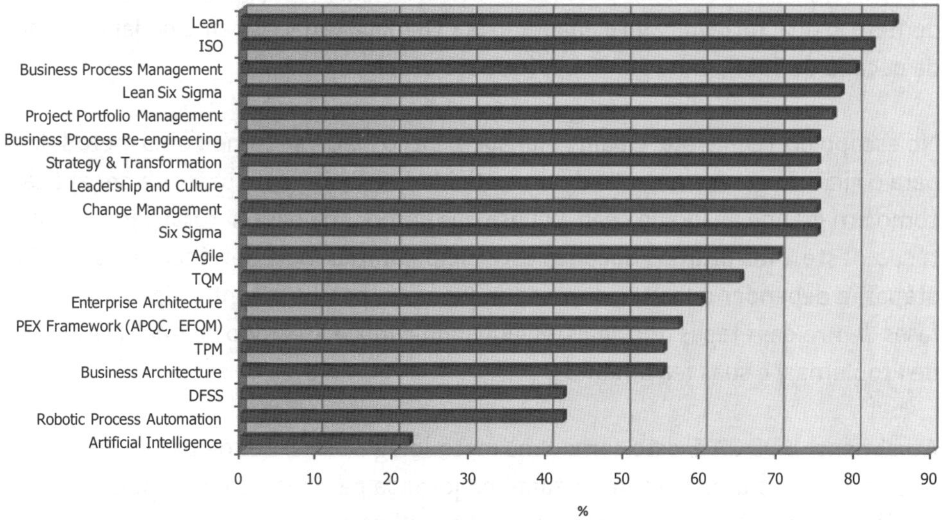

Fonte: CHARLES, Andrea. PEX Network Annual Report 2017: Global state of process excellence. ***PEX****, Aug. 24, 2017. Disponível em: <https://www.processexcellencenetwork.com/business-transformation/whitepapers/pex-network-annual-report-2017-global-state-of>. Acesso em: 31 jan. 2019.*

Assim, com o objetivo de permitir ao leitor uma melhor habilidade de escolha, veremos uma consideração geral sobre alguns padrões, metodologias, ferramentas e filosofias (conjunto de princípios teóricos que fundamentam, avaliam e sintetizam alguma ciência em particular), relativos aos seguintes campos de interesse: qualidade e produtividade, gerenciamento de projetos e inovação. Além disso, consideraremos os tópicos "Seleção" e "Convergência de metodologias". E, por facilidade de leitura, este capítulo utilizará muitas vezes o termo "metodologias" de forma a se referir ao conjunto de filosofias, metodologias, padrões e ferramentas.

Qualidade e produtividade

No âmbito da qualidade e da produtividade, as metodologias *Lean*, *Six Sigma* e *Lean Six Sigma* são as mais largamente utilizadas, por isso são consideradas na sequência, assim como o PDCA, pois se trata de um modelo muito forte e, normalmente, muito relacionado com o *Lean*.

PDCA (*Plan, Do, Check, Act* – Planejar, Executar, Verificar, Agir)

A origem do PDCA ocorre através do Ciclo de Shewhart, proposto no final da década de 1930, o qual foi divulgado e adaptado por Deming, especialmente no Japão a partir da década de 1950, onde ganhou o formato atual.

No escopo do TQM (*Total Quality Management*) o PDCA se tornou uma metodologia para o ciclo de gerenciamento de uma atividade e finalmente passou a ser aplicado como um grande aliado do *Lean* e quase que como uma base natural para a implantação deste. Nas últimas décadas este ciclo ganhou mais detalhamentos, ou até etapas, a depender do autor, como, por exemplo, passou a conter tipicamente oito fases dentro das etapas principais, englobando o MASP (Método de Análise e Solução de Problemas) e suas ferramentas.

Atualmente o PDCA é visto como uma metodologia inicial de solução de problemas, que serve como uma base importante na jornada para a excelência, pois auxilia no modelo mental de como buscar soluções e melhorias.

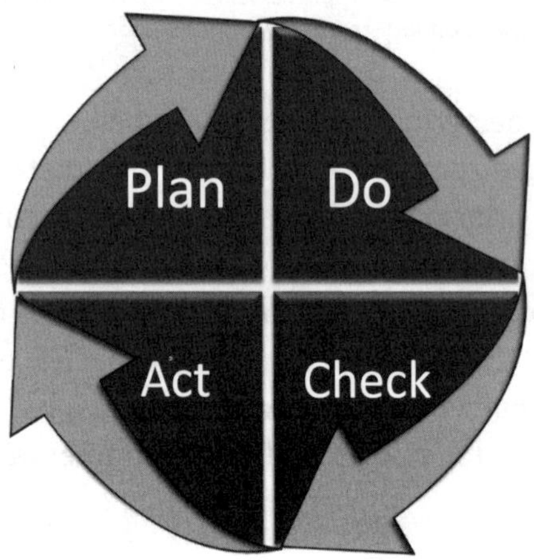

Lean

O *Lean* atualmente é encarado como algo que transcende a uma metodologia e chega a ser uma filosofia, pois nele se permeia a mentalidade de não aceitar desperdícios nos processos, o que se difunde por toda a organização com impactos em sua cultura.

O desenvolvimento do que se chama *Lean* se deu ao longo de todo um século e se trata de uma sequência de evoluções de conceitos, de métodos, de ferramentas e do uso delas em busca primariamente de produtividade. Nesse conceito a qualidade certamente é muito importante, porém ela é encarada como um fator alavancador para a produtividade e não o resultado ou alvo final a ser alcançado.

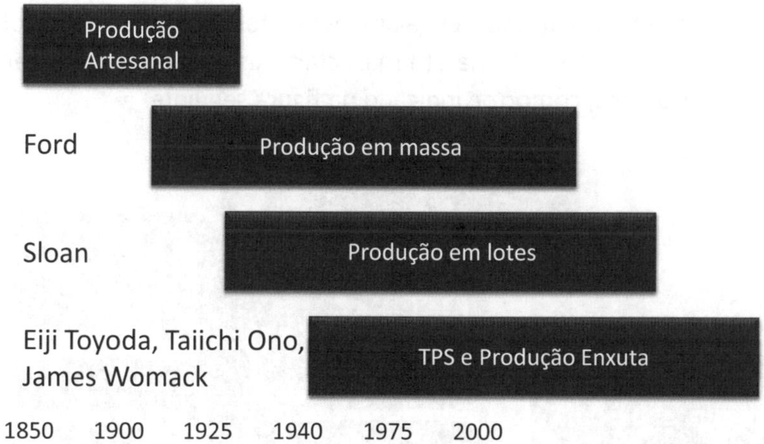

Na época da Revolução Industrial a produção era artesanal e com uma baixa produtividade, porém na década de 1890 Frederick W. Taylor desenvolveu os princípios do Estudo de Tempos e Padronização do Trabalho, o que permitiu que, em 1909, Henry Ford desenvolvesse a chamada Linha de Produção Móvel e Mecanizada na produção de automóveis, aumentando muito a produtividade. Contudo, a flexibilidade da linha de produção era muito baixa para permitir variabilidade nos modelos de carros fabricados. Para minimizar essa dificuldade, Alfred Pritchard Sloan Jr. (presidente da General Motors de 1923 a 1937) desenvolveu a produção em lotes, que trouxe maior variedade nas linhas de produção de automóveis e com bons níveis de produtividade mantidos.

Em 1937 é criada a Toyota Motor Company, e Kiichiro Toyoda cria o conceito do *Just-in-time*, que foi depois aperfeiçoado por Taiichi Ono a partir da década de 1940. Com isso, a Toyota começou a buscar conceitos de como produzir lotes cada vez menores e com maior flexibilidade em suas linhas de produção, o que reduzia estoques e aumentava a produtividade ao mesmo tempo, com alto nível de excelência.

Na década de 1980 a Toyota traz para os Estados Unidos, em colaboração com a GM (*General Motors Company*), o que foi chamado de *Toyota Production System*. Finalmente, na década de 1990, os autores James Womack e Daniel Jones publicaram "The Machine that Changed the World", um livro clássico, que traz detalhes de toda essa história, os conceitos e as aplicações práticas dessa filosofia, a qual eles denominaram *Lean Manufacturing* (muitas vezes traduzido por "produção enxuta"), pois todos os processos deveriam ser sem "gorduras", sem desperdícios, com uma abordagem de "volta ao básico", para que pudesse ser alcançado um alto nível de produtividade com alta flexibilidade entre os itens produzidos, baixos estoques, custos reduzidos, boa qualidade, melhoria contínua, engajamento da força de trabalho envolvida, etc. A partir dessa publicação se tornaram mais claras as etapas da aplicação do *Lean* dentro de um processo, conforme indicado na figura seguinte.

Já na década de 1990 esses conceitos se expandiram além das portas de uma fábrica e começaram a ser aplicados em áreas transacionais (compras, RH, etc.) e empresas de serviços (bancos, hospitais, telefonia, etc.), e essa aplicação começou a ser chamada de *Lean Office*. Para o final da década de 2000 o *Lean* passou a ser aplicado dentro de organizações em todas as suas cadeias de valor internas e suas inter-relações (até externas), e então foi criado o termo *Lean Enterprise*.

Esse avanço do *Lean* pelas diversas áreas de uma organização também levou ao chamado Gerenciamento *Lean*, no qual os processos passam a ser geridos de acordo com os seus mapas de cadeia de valor e não mais de forma departamentalizada; as métricas se tornam claras, gerenciadas, com alvos definidos, com informação visível e disponível em toda a cadeia de valor; são estabelecidos níveis de reuniões para gerenciamento diário, semanal, mensal, etc., que alinham toda a organização para a melhoria contínua através da gestão alinhada com os objetivos estratégicos do negócio.

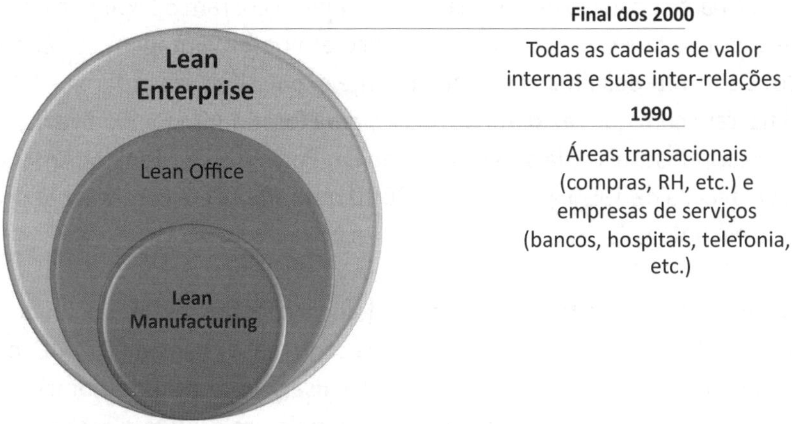

Atualmente naquilo que se é chamado de "Lean" nas organizações se veem vários métodos, ferramentas e conceitos serem englobados, como: 5S, PDCA, TPM (*Total Productive Maintenance*), Zero Defeito, Zero Acidente, *Kaizen*, *Kanban*, *Jidoka*, MASP, *Just-in-time*, etc. Essa grande junção de ferramentas e a sua vasta aplicação alçou o *Lean* a um nível de filosofia – inclusive a falta dessa compreensão é um dos principais fatores de falha na implantação do *Lean* nas organizações, pois leva a uma visão focada em ferramentas em vez de uma visão sistêmica do funcionamento do *Lean*, e, assim, este não se mantém perene ao longo do tempo.

Six Sigma

Esta metodologia foi idealizada e aplicada na Motorola e na Texas Instruments ao final da década de 1980. O foco inicial era a melhoria dos índices de qualidade das áreas produtivas, pois mesmo após diversos esforços esses índices apresentavam uma evolução insatisfatória.

Porém, como a consequência esperada dessa melhoria nos índices de qualidade era uma redução dos custos, o *Six Sigma* nasceu com um forte viés de medição de resultados financeiros, com critérios bem definidos e claros sobre o quê, como, quem, por quê, quando e por quanto tempo medir esses resultados. Esse forte enfoque na medição de resultados financeiros não ocorre em outras metodologias, como o *Lean*, e isso se tornou um diferencial importante do *Six Sigma*, fazendo com que os *savings* (ou ganhos) dos projetos sejam sempre acompanhados e evidenciados.

Os primeiros resultados financeiros advindos do uso do *Six Sigma* pela Motorola foram bem observados por outras empresas, como GE, Allied Signal, Bombardier e

Nokia, que a partir do início da década de 1990 aperfeiçoaram o *Six Sigma* e passaram a aplicá-lo por toda a organização com o foco em obter vantagem competitiva no mercado. Os resultados financeiros novamente expressivos (da ordem de bilhões de dólares) fizeram com que rapidamente o *Six Sigma* fosse adotado por diversas empresas de ramos industriais e de serviços, como Du Pont, AMEX, Bank of America, etc. Ao final da década de 1990 e início da de 2000 o *Six Sigma* era comumente chamado de a "nova tecnologia".

Desde o início o *Six Sigma* trouxe uma metodologia com passos bem definidos para a resolução estruturada de problemas e melhoria contínua: o chamado DMAIC, do inglês *Define* (Definir), *Measure* (Medir), *Analyze* (Analisar), *Improve* (Melhorar) e *Control* (Controlar), que constituem as etapas de avanço de um projeto e estabelecem um modelo mental lógico para acompanhamento dentro das organizações.

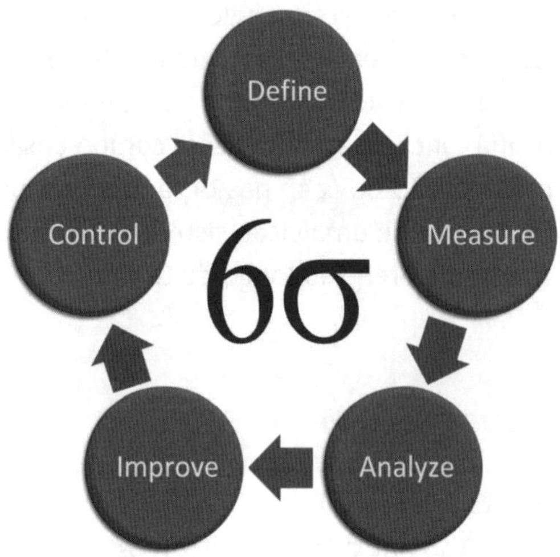

Esse método indica o que alcançar em cada etapa do projeto e como fazer isso através do uso de uma sequência típica de ferramentas gráficas, práticas e analíticas, as quais cumprem objetivos específicos de acordo com a etapa dos projetos. As ferramentas qualitativas e quantitativas utilizadas no *Six Sigma* já eram conhecidas e utilizadas, porém não necessariamente na mesma sequência do DMAIC e nem com os mesmos objetivos.

Com o objetivo de melhorar os índices de qualidade de um produto ou serviço, um foco principal do *Six Sigma* é a redução da variação de resultados, ou da dispersão, em torno do resultado desejado. Essa menor variação de resultados traz maior previsibilidade e um processo mais capaz de entregar os serviços e produtos de acordo com os valores desejados. Assim, uma mudança significativa trazida pelo *Six Sigma* foi a quebra do paradigma do "99% bom é bom!", pois a metodologia indica claramente qual o nível de capabilidade de um processo antes e depois do projeto.

A metodologia passou por evoluções importantes ao longo do tempo, especialmente no que se refere à sua aplicação e ao objetivo final. Essas etapas são normalmente sinalizadas como:

Geração	Foco/Principal evolução
1	Reduzir defeitos e melhorar qualidade
2	Reduzir custos
3	Aumentar vendas e *market share*
4	Uso de *analytics tools* (*big data*), modelagens dinâmicas, preditivas e cognitivas

Lean Six Sigma

Durante a década de 1990 e início da década de 2000 era muito comum encontrar praticantes de *Lean* ou de *Six Sigma* que não tiravam proveito da sinergia entre essas metodologias e nem mesmo promoviam isso. Essa situação causava até mesmo dificuldades dentro de organizações que adotavam ambas as metodologias, porém de forma separada, às vezes até mesmo com estruturas diferentes e, não raro, conflitantes.

Porém, a partir de meados da década de 2000 ficou muito claro que *Lean* e *Six Sigma* convergiam e se potencializavam: o *Lean* por trazer maior produtividade e o *Six Sigma* por trazer melhor qualidade. Assim, nessa fusão temos uma metodologia que visa trazer resultados mais rápidos e melhores para um processo. Cada metodologia suporta a outra exatamente na sua parte mais frágil: não adianta ser rápido na entrega de um produto e ele não ter qualidade, assim como não adianta o produto em si mesmo ser de excelente qualidade, porém ser entregue atrasado. Necessitamos do conjunto: mais rápido e melhor; *Lean* e *Six Sigma*.

Porém, *Lean Six Sigma* não significa ter ambas as metodologias em uso, mas sim uma verdadeira fusão delas, o que permite durante as etapas de um Projeto DMAIC o uso concomitante de diversas ferramentas típicas do *Lean*, assim como dentro de um *Kaizen* utilizar diversas ferramentas típicas do *Six Sigma*. Na verdade, essa junção das metodologias nos leva a utilizar a ferramenta que melhor se ajuste às necessidades e aos objetivos, sem se importar se a origem da ferramenta é o *Lean* ou o *Six Sigma*. A definição do tipo de abordagem para a seleção do método a adotar, se será aplicado um Projeto DMAIC ou um *Kaizen*, dependerá apenas de fatores a analisar, como complexidade do tema, prévio conhecimento de solução, etc. E dentro de um projeto DMAIC pode ser utilizado um *Kaizen* para acelerar etapas, assim como um *Kaizen* pode tirar proveito de um projeto DMAIC.

Assim, com *Lean Six Sigma* tipicamente passa-se a ter pessoas que conhecem ambos os métodos e conseguem avaliar como e quando utilizar o melhor deles de acordo com as distintas situações. Por exemplo, se um processo ainda não sofreu ações de melhoria nele, então tipicamente as primeiras ações a efetuar nesse aspecto deveriam ser as mais relacionadas com *Lean*, de forma a remover desperdícios, retrabalhos e etapas que não agregam valor, para, aí então, fazer melhorias com *Six Sigma* nas etapas que agregam valor e que estão mais isentas de desperdícios. Se a abordagem for ao contrário, primeiro *Six Sigma* e depois *Lean*, pode ocorrer o caso de se efetuar uma melhoria em uma etapa do processo a qual, mais à frente, seria identificado como uma etapa que não agrega valor.

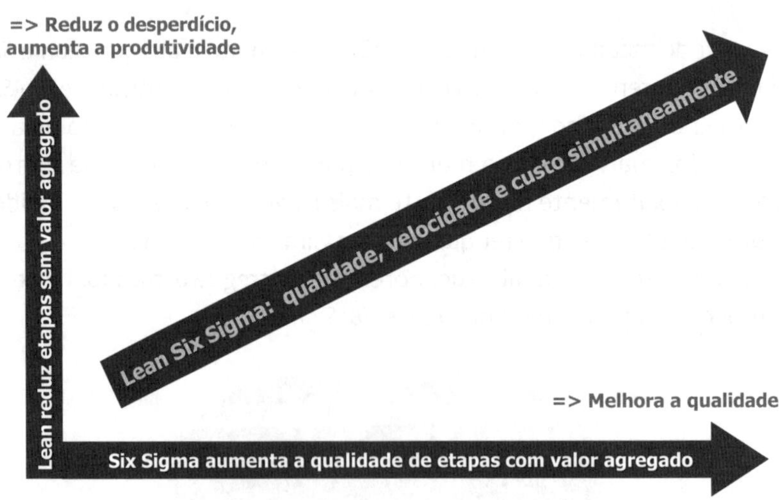

Essa abordagem, mencionada no parágrafo anterior, inclusive abre a oportunidade para que os treinamentos em *Lean Six Sigma* (*White*, *Yellow*, *Green*, *Black* e *Master*

Black Belt) sejam elaborados tendo em conta um crescente de complexidade e profundidade a partir das ferramentas mais simples *Lean* em direção às ferramentas mais complexas de *Six Sigma*. Isso permite que uma grande parcela de uma organização possa passar por treinamentos que seguirão uma lógica de aplicação.

Avanço na aplicação das metodologias de excelência para produtividade e qualidade

Quando as organizações iniciam a jornada para a excelência em relação à produtividade e qualidade, elas deparam com as várias metodologias, e uma forma lógica de evolução no uso destas está indicada na figura a seguir, a qual mostra uma analogia com as frutas de uma árvore, que representam as oportunidades ou problemas a resolver. Quanto mais no alto da árvore, ou quanto mais complexo e difícil o alcance da oportunidade ou a resolução do problema, de maior complexidade deverá ser a metodologia e/ou ferramenta a aplicar. Essa ilustração também serve como uma indicação do avanço típico na implantação das metodologias dentro de uma organização e o que se alcança com elas.

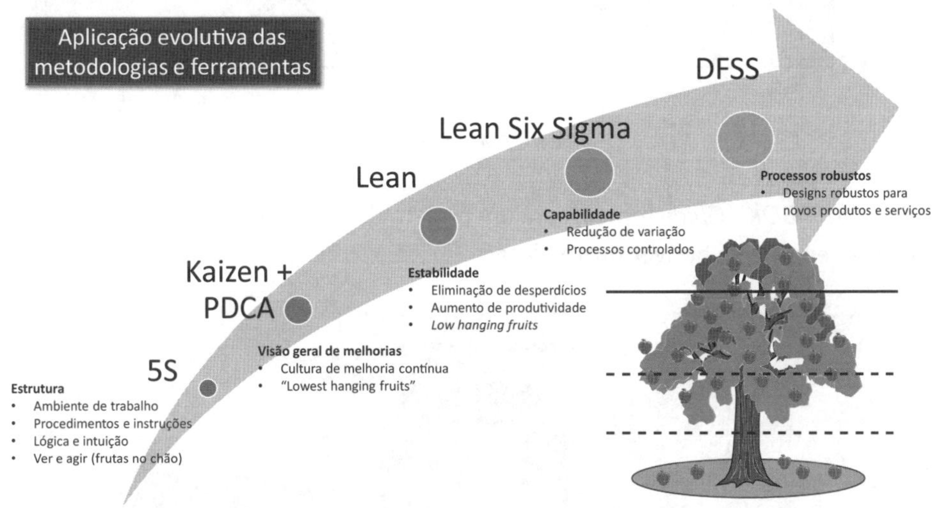

Gerenciamento de projetos

Outra disciplina de excelência é o gerenciamento de projetos, para a qual o padrão PMI e o método PRINCE2® exercem papéis relevantes. Porém, surgem as perguntas: qual dessas abordagens utilizar e quais as diferenças? Neste tópico consideraremos esses pontos.

O PMI (*Project Management Institute*) é uma associação profissional, sem fins lucrativos, que visa normalizar e padronizar a metodologia de gerenciamento de projetos, além de promover e fomentar a maturidade em gerenciamento de projetos, e para isso publica padrões (*PMBOK® Guide – Project Management Body of Knowledge* – Guia de Melhores Práticas, que está em sua sexta edição) e emite certificações profissionais em gerência de projetos, chamados: *Project Management Professional* (PMP®) e *Certified Associate in Project Management* (CAPM®). Essa instituição possui mais de 500.000 membros distribuídos em mais de 170 países.

O PMI indica os grupos de processos a utilizar de acordo com o ciclo de vida de um projeto:

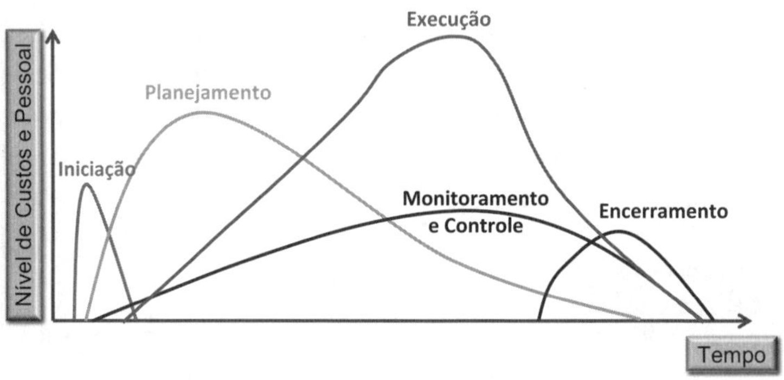

Fonte: PMBOK® Guide.

Assim, no *PMBOK® Guide* temos, para um projeto de uma única fase, o seguinte ciclo, o qual se repetirá se houver outras fases:

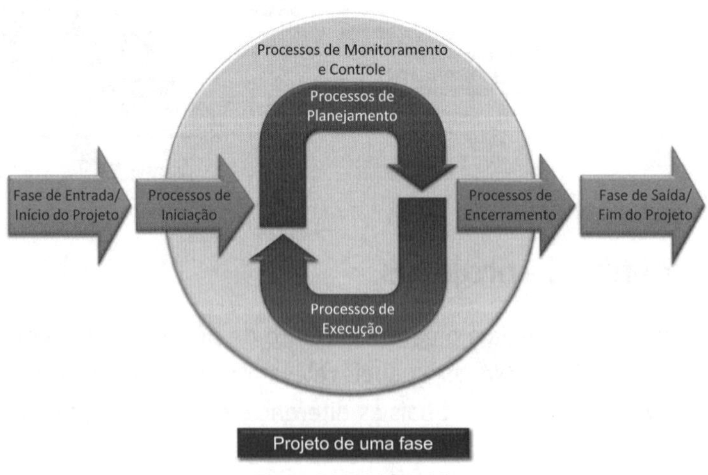

Fonte: PMBOK® Guide.

Esses processos tratam de 10 disciplinas distintas e chegam a um total de 49:

Baseado no PMBOK® Guide.

	Iniciação	Planejamento	Execução	Monitoramento e controle	Encerramento	Σ
Integração	1	1	2	2	1	7
Escopo		4		2		6
Cronograma		5		1		6
Custos		3		1		4
Qualidade		1	1	1		3
Recursos		2	3	1		6
Comunicações		1	1	1		3
Riscos		5	1	1		7
Aquisições		1	1	1		3
Partes interessadas	1	1	1	1		4
						49

PRINCE® (*Projects IN Controled Environment*) é uma metodologia originalmente desenvolvida em 1989, no Reino Unido, para ser aplicada como padrão de gerenciamento de projetos de TI. Ao longo do tempo a metodologia foi revisada e aperfeiçoada, sendo desenvolvido um novo método melhorado e mais eficaz que poderia ser aplicado a qualquer projeto. Então em 1996 foi lançado o PRINCE2® pelo governo britânico (*Office of Government Commerce* – OGC) como um método para gerenciamento de todos os tipos de projetos. PRINCE2® é o método de gerenciamento de projetos mais utilizado no mundo e tem praticamente o dobro de profissionais certificados em comparação com a certificação PMP® do PMI. Em agosto de 2013 o PRINCE2® passou a ser de propriedade da AXELOS Limited, porém sua utilização nas organizações é livre (não precisa pagar).[25]

O PRINCE2® é baseado em sete princípios que proporcionam um modelo de boas práticas e orientações obrigatórias dentro do ciclo de um projeto.

[25] Fonte: <https://pt.wikipedia.org/wiki/PRINCE2>. Acesso em: 11 jan. 2019.

Fonte: PRINCE2®.

O PRINCE2® considera sete temas relacionados com esses princípios, os quais descrevem aspectos do gerenciamento de projetos que devem ser tratados de forma contínua e em paralelo ao longo de toda a duração do projeto. São eles: *Business Case*, Organização, Qualidade, Planos, Riscos, Mudanças e Progresso.

Fonte: PRINCE2®.

Ao comparar o padrão do *PMBOK® Guide* (PMI) com o método PRINCE2®, notamos uma complementariedade entre o "o quê" e o "como".

PMBOK® Guide (PMI)	PRINCE2®
É um padrão	É uma metodologia
Diz o que fazer	Diz como fazer
Baseado em processos, ferramentas e técnicas	Baseado em princípios, processos, temas e adequação do projeto
49 processos em dez áreas de conhecimento	Sete processos, sete temas e sete princípios
Plano único de gerenciamento do projeto do início ao final	Gerenciamento por estágios é um dos princípios básicos
O principal responsável pelo sucesso ou fracasso é o gerente do projeto	O principal responsável pelo sucesso ou fracasso é o Comitê Diretor do Projeto
Possui mais ferramentas	Melhor governança

Por isso uma prática comum no gerenciamento de projetos dentro das organizações é o uso conjunto do método do PRINCE2® com o padrão e as ferramentas do *PMBOK® Guide* (PMI). A utilização dessa complementariedade permite uma excelente abordagem, com visão ampliada, do gerenciamento de projetos, no qual o "o quê" e o "como" se tornam claros e consistentes. Assim, um profissional da área de excelência não deveria ser um adepto de PRINCE2® ou do *PMBOK® Guide*, como se houvesse alguma competição entre eles, mas, sim, deveria ter conhecimento de ambos e saber como utilizá-los em conjunto de forma a obter os melhores benefícios dessa complementariedade.

Inovação

Veremos neste tópico três "métodos": o *Agile* e o *Scrum*, que estão mais relacionados à gestão de projetos relativos à inovação, e o *Design Thinking*, um método para busca de inovações.

Metodologias de excelência têm sido aplicadas na busca ou como suporte de ações de inovação. E o *Agile* (uma filosofia de gerenciamento e desenvolvimento) e o *Scrum* (uma metodologia de gestão de projetos baseada no *Agile*) se encaixam neste contexto, pois muitas vezes são aplicados em um ambiente em que se busca uma inovação ou se suporta a implantação de uma. E na busca direta de uma solução criativa e inovadora de problemas ou criação de novos produtos e serviços, a abordagem do *Design Thinking* tem ganhado grande relevância.

Agile

A filosofia *Agile*, ou "ágil" em português, foi concebida no início de 2001 por um grupo de 17 conceituados desenvolvedores de software que se reuniu para aprimorar conceitos e metodologias ágeis existentes e formular o "Manifesto para o Desenvolvimento Ágil de Software", composto por quatro valores, os quais determinam o que deve ser priorizado, e 12 princípios.

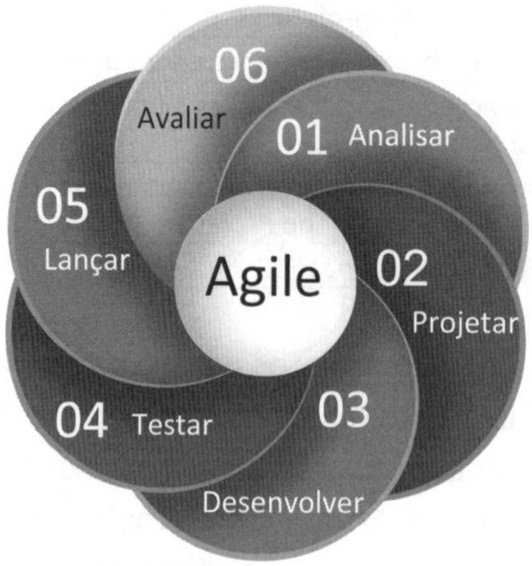

Valores

- Indivíduos e interações mais que processos e ferramentas
- Software funcional mais que documentação abrangente
- Colaboração do cliente mais que negociação de contratos
- Responder a mudanças mais que seguir um plano

O desenvolvimento de um projeto nessa filosofia segue uma abordagem de planejamento na qual as diversas etapas do projeto são chamadas de iterações, com entregas contínuas, incrementais e de valor para o cliente, mesmo sem ter sido alcançado produto "final 100%".

Essa filosofia, que foge dos tradicionais métodos de gerenciamento de projetos, se consolidou nos últimos anos como uma alternativa para atender às demandas de clientes e projetos de forma dinâmica, flexível e com grande aumento de produtividade, um ambiente muito tipicamente encontrado em projetos de inovação, especialmente aqueles que envolvem o uso de tecnologia digital.

Um método clássico de gerenciamento de projetos se aplica muito bem quando o produto ou o serviço deve ser entregue em sua totalidade, ou seja, é necessário ter o projeto totalmente concluído para que o cliente usufrua todo o seu valor. Por outro lado, a filosofia *Agile* atende com excelência aos projetos que, com um conjunto mínimo de funcionalidades entregues, já servem para solucionar parte da necessidade do cliente e, ao ser entregues em parte, já representam uma diferença valorosa para ele. A sequência do projeto pode continuar a avançar até um ponto indeterminado de aperfeiçoamentos e/ou novas funcionalidades no serviço ou produto final, que pode nem ser "final".

A tabela a seguir auxilia no entendimento das diferenças entre a aplicação de um método clássico de gerenciamento de projetos e o *Agile*.

	Tradicional	*Agile*
Exemplo de projeto	Prédio	Aplicativo
Participação do cliente	Principalmente no início do projeto	Ao longo de todo o projeto
Tipos de contratos	Cronograma bem delimitado	Base horas de trabalho ou por etapa concluída
Flexibilidade com relação a mudanças	Escopo fechado no início do projeto	Projeto mutável ao longo do desenvolvimento
Custos	Sem surpresas, custo fechado no escopo do projeto	Custo agregado com as etapas do projeto
Entregas	Total no final do projeto	Parciais e funcionais
Documentação	Completa e detalhada	Enxuta e elaborada nas etapas
Equipes	Todos os tamanhos	Pequenas

Notamos novamente que não estamos tratando de metodologias conflitantes, do tipo ou uma ou outra, quando comparamos um método tradicional de gestão de projetos com a filosofia *Agile*. Estamos falando de abordagens distintas que servem a objetivos distintos, com seus benefícios em suas distintas aplicações. Assim, novamente se nota a necessidade do profissional de excelência compreender as distintas abordagens de gestão de projetos e não se fixar sempre em uma única, pois dessa maneira será possível indicar à sua organização qual método utilizar e como até mesmo combiná-los em projetos que talvez necessitem de distintas abordagens em etapas ou até em tarefas intermediárias.

Scrum

Trata-se de uma metodologia de gestão de projetos baseada no Manifesto Ágil e é um dos modelos mais amplamente adotados dentro da filosofia *Agile*. O *Scrum* fornece a estrutura e a disciplina para o desenvolvimento ágil de um projeto, com a execução através de iterações (passo a passo), chamadas de *Sprints*, que variam de 1 a 4 semanas, proporcionando alta flexibilidade e com pequenas equipes e etapas.

No *Scrum* três papéis são claramente identificados:

- ***Product Owner* (dono do produto)**: atua na realidade como o Dono do Projeto, pois tem a responsabilidade de definir as prioridades a serem desenvolvidas em cada *Sprint* e ser o intermediador entre a área de negócios e a equipe *Scrum*.
- ***Scrum Master***: garantidor do uso da metodologia e responsável por apoiar a equipe *Scrum* e remover os obstáculos para a execução das *Sprints*.
- ***Scrum Team* (equipe *Scrum*)**: são as equipes de desenvolvimento, as quais idealmente devem ser pequenas e conter membros multidisciplinares.

Cada *Sprint* é composta de:

- ***Sprint Planning***: o planejamento do que será desenvolvido dentro de cada *Sprint* de acordo com a priorização a ser feita do *product backlog* – as funcionalidades desejadas para o produto/serviço que ainda devem ser entregues/desenvolvidas.
- ***Daily Scrum***: reunião diária, de até 15 minutos no máximo, na qual cada membro do *Scrum Team* deve relatar o que foi efetuado ontem, o que deve ser efetuado hoje e obstáculos a serem removidos para isso.
- ***Sprint Meeting Review***: reunião de revisão e análise das entregas efetuadas ao final de cada *Sprint* e atualização do *product backlog* para a próxima *Sprint*.
- ***Sprint Retrospective***: reunião realizada após a *Sprint Meeting Review* e anteriormente à *Sprint Planning*, para que seja discutido um plano de melhorias, para corrigir possíveis problemas identificados e definir ações de melhoria contínua.

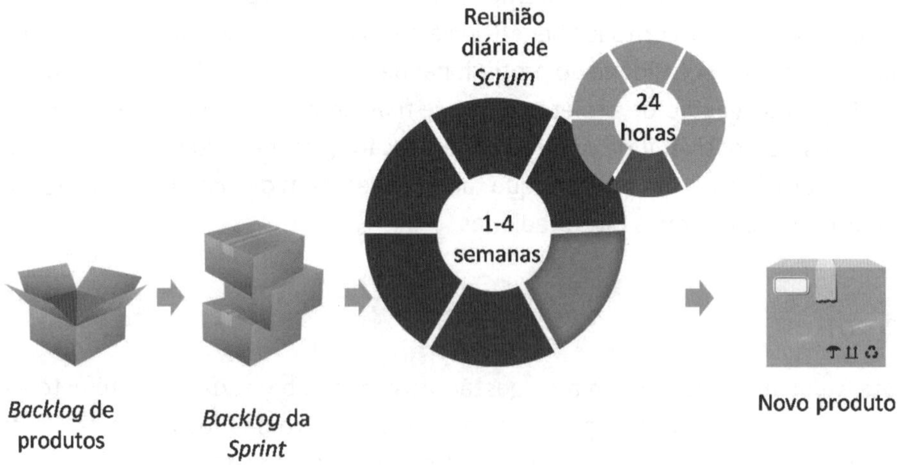

As entregas parciais a cada *Sprint* do Scrum permitem que o projeto seja construído aos poucos e novas funcionalidades possam ser integradas de acordo com as prioridades de mercado, as quais podem mudar ou ter o conhecimento sobre elas alterado ao longo do próprio projeto. E essa flexibilidade para acomodar mudanças no decorrer do projeto proporciona redução de custo e tempo, com consequente aumento de competitividade das organizações que utilizam *Scrum*.

Novamente, o especialista em excelência deve conhecer quando e como aplicar o *Scrum*, pois, além de não se tratar de uma metodologia conflitante com outras, ele pode e é muitas vezes utilizado dentro de soluções híbridas de gestão de projetos, onde uma gestão tradicional pode tratar de um produto total que deve ser entregue

100% pronto, porém é composto por componentes que podem ser entregues parcialmente e de maneira evolutiva ao longo do projeto.

De forma a atender à gestão de projetos em um ambiente ágil, o PMI e a AXELOS desenvolveram novos materiais e certificações, como o PRINCE2® *Agile* e o PMI-ACP® (*Agile Certified Practitioner*). Isso, mais uma vez, reforça a necessidade contínua de aprendizagem e evolução do conhecimento do especialista em excelência.

Design Thinking

A abordagem do *Design Thinking* (DT) proporciona inovação através de experimentos para quando um negócio visa trazer uma nova solução de serviço ou produto, baseada em uma nova tecnologia, para os seus clientes.

Os conceitos iniciais do *Design Thinking* surgiram na década de 1960, e o termo em si foi estabelecido em 1969 no livro "The Sciences of the Artificial", de Herbert Simon. Em 1973 Robert McKim estabeleceu, em seu livro "Experiences in Visual Thinking", muitas das ideias que sustentam o *Design Thinking* em nossos dias. Mas, apesar dessa história de mais de 50 anos, somente em 2005 foi estabelecido um curso formal de *Design Thinking*, na Stanford School of Design. Desde então essa metodologia tem se expandido por escolas e organizações dos mais diversos ramos.

O DT é especialmente útil quando há uma alta complexidade envolvida na análise do problema ou da oportunidade em questão e, nesse caso, apesar da existência de relações de causa e efeito, elas chegam a ser complexas demais para serem definidas. Isso ocorre notadamente em ambientes com grande multiplicidade de visões e fatores, nos quais as interações, inclusive humanas, são muitas e complexas, com pensamentos pluralistas, e fazer previsões com bom nível de confiança nesses cenários se torna algo praticamente impossível. Daí a necessidade do uso de experimentação da inovação e em direção à própria inovação em si mesma.

Através da experimentação promovida no DT se torna possível identificar o que funciona ou não para o novo serviço ou produto a ser entregue, antes de despender todos os recursos necessários (pessoal, custo, tempo, etc.) na sua implantação. Assim, a inovação é otimizada antes de seu lançamento, ou seja, o DT permite "pensar grande, falhar rápido, falhar pequeno e acertar grande".

O método do DT, através de um processo composto de cinco etapas, permite a idealização, a construção e a aplicação de experimentos, que serão testados pelo público-alvo da inovação, de forma a trazer *feedbacks*, melhorias, conclusões e definições em direção às novas soluções (inovações).

As cinco etapas do DT são:

1. **Empatia:** identificar e entender quem é o público-alvo da inovação, criar a(s) "persona(s)", fazer entrevistas, buscar pensar e sentir o que sentem as personas (seu público).
2. **Definição:** definir o escopo de forma a ter clareza sobre o que se deseja resolver com base na interpretação obtida da fase anterior.
3. **Idealizar:** buscar soluções criativas através de *brainstormings* sem regras e pensar fora da caixa, e ao final priorizar as ideias.
4. **Prototipar:** criar um modelo, um *demo* ou um protótipo que, mesmo sendo simples, possa ser testado e avaliado.
5. **Testar:** efetuar testes com pessoas do público-alvo e identificar impedimentos, pontos de melhoria e *feedback* geral sobre a experiência que tiveram. Retorne aos passos 3 e/ou 4 até ter novo protótipo que enderece os *feedbacks* obtidos no teste.

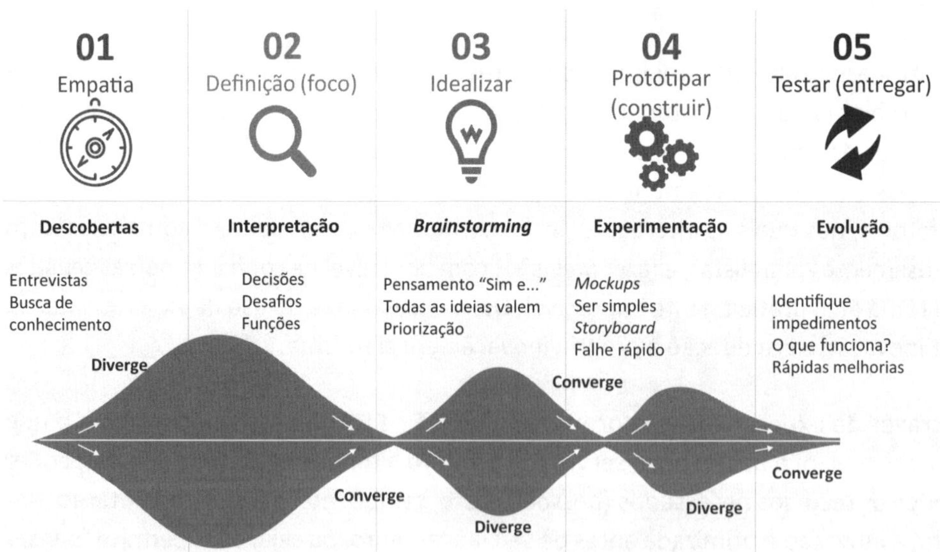

Seleção

A seleção da metodologia de excelência a ser aplicada dependerá de:

- **Qual é a natureza do objetivo a ser alcançado:** uma melhoria de um processo existente ou uma inovação. *Design for Six Sigma* e *Design Thinking* são metodologias com foco em inovação.
- **Qual o nível de conhecimento prévio sobre:** qual solução implantar para uma melhoria ou o produto/serviço a entregar em uma inovação.
- **Qual a complexidade existente entre fatores e resultados.**

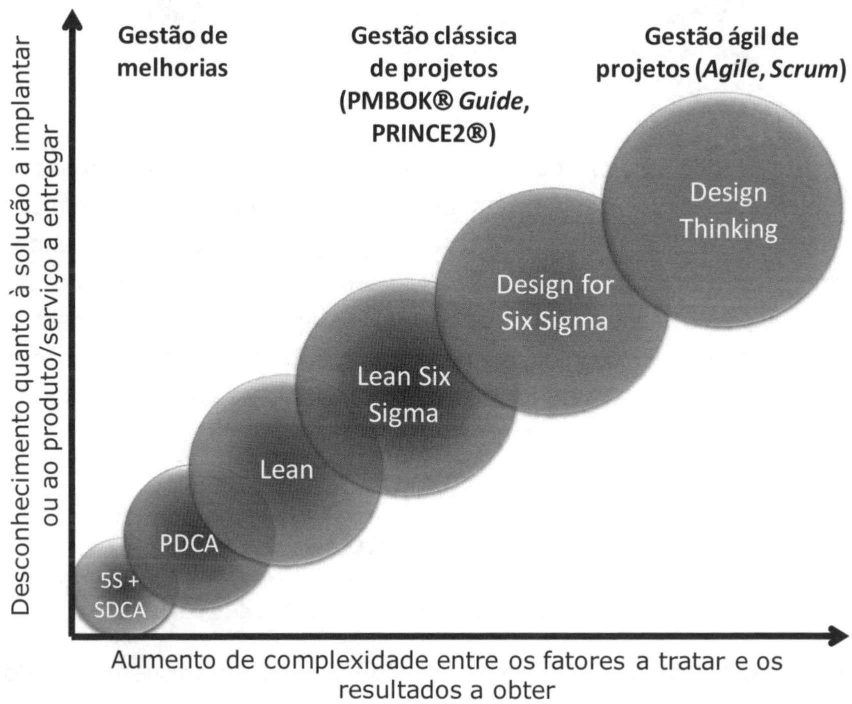

Convergências de metodologias

Tivemos a oportunidade de verificar neste capítulo como as diversas metodologias, em vez de se conflitarem, se apoiam, convergem e se complementam. Isso é ilustrado na incorporação de uma metodologia à outra, ou quando um projeto tem um híbrido entre as metodologias de gestão ou de inovação, como na figura a seguir.

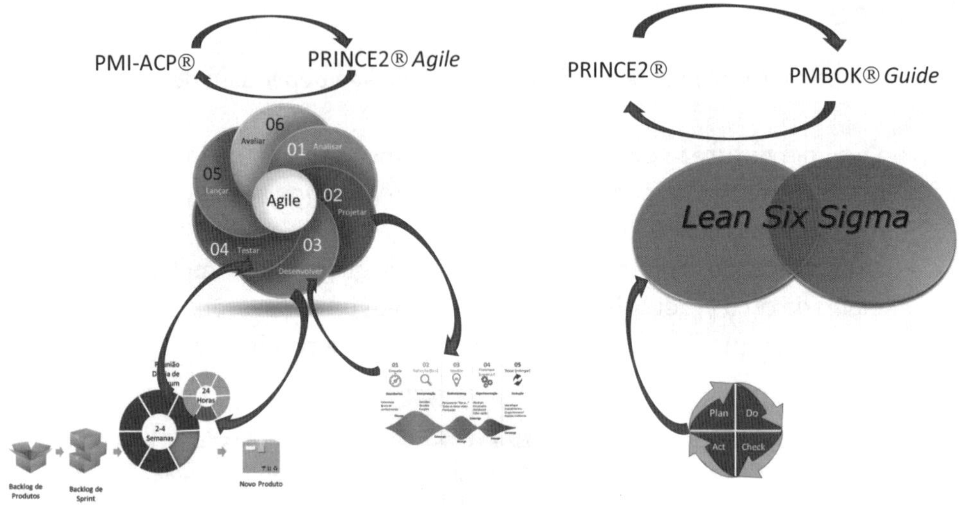

Cada vez mais todo esse *mix* de oportunidades de uso das distintas metodologias, aqui comentadas, deve fazer parte do menu ofertado pelo especialista em excelência para sua organização, e ele deve ter a compreensão sobre como, quando e por que fazer uso de uma ou mais metodologias em conjunto para a resolução de um problema ou para o alcance de uma oportunidade. Assim, esse profissional também tem a oportunidade de progredir, melhorar em direção à excelência, por não ser um especialista de uma única metodologia e buscar usá-la para tudo; fazer isso seria dar sempre o mesmo remédio, independentemente da doença.

Maturidade da excelência – Como medir?

Diversidade e evolução dos programas de excelência

Empresas grandes, médias e pequenas dos mais diversos setores têm adotado programas de excelência como uma solução óbvia na busca por melhores resultados de negócios, aumento da satisfação dos clientes, sustentabilidade ampla (meio ambiente, segurança, comunidade, funcionários, financeiro, etc.).

Porém, a expressão "Programa de Excelência" tanto pode se referir a algo muito resumido, com a aplicação de algumas ferramentas básicas de melhoria em algumas áreas específicas de uma empresa, assim como pode se tratar do uso amplo e abrangente de diversas metodologias de produtividade, gerenciamento de projetos, gerenciamento de riscos, inovação, etc. por toda a empresa e até na sua cadeia de negócios com clientes e fornecedores. Assim, um "Programa de Excelência" não é uma solução padrão, que seria a mesma para todas as empresas, mas nasce das necessidades e do meio ambiente (setor de negócio, comunidade, funcionários, acionistas, etc.) específico de cada empresa, e por isso carrega um DNA relativo a cada empresa.

Além disso, programas de excelência não deveriam ser estáticos ao longo do tempo, por conta de pelo menos dois fatores:

1. As necessidades e o meio ambiente, os quais geraram o nascimento do Programa de Excelência e devem ser atendidos, mudam com o passar do tempo.
2. Esses programas devem avançar em direção a uma maturidade e demonstrar evolução ao longo de diversas etapas, ou seja, um Programa de Excelência também deve avançar em busca de sua própria excelência.

Necessidade de avaliação dos programas de excelência

O contextualizado anteriormente nos mostra que a avaliação de um "Programa de Excelência" se torna necessária para: verificar se este atende às necessidades e ao meio ambiente da própria empresa, para identificar como tem evoluído este Programa e quais devem ser seus próximos passos.

Pais e mães ficam geralmente muito contentes com o nascimento de seus filhos e às vezes sentem até mesmo orgulho por eles, mas esses pais e mães avaliarão continuamente a evolução de seus filhos – se andam, falam, como vão na escola, etc. – e também os orientarão, corrigirão suas trajetórias e celebrarão resultados. O mesmo deve se aplicar aos gestores que implantam Programas de Excelência: de início podem se sentir satisfeitos e até orgulhosos disso, mas devem, ao longo do tempo, avaliar, orientar, corrigir e celebrar.

Um Programa de Excelência que continua igual ao seu nascimento está sem evolução, sem melhoria em si mesmo e provavelmente nem mais atende às necessidades e aos ambientes da empresa, pois estes mudam ao longo do tempo.

Assim, seria adequado perguntar: será que o Programa de Excelência já "aprendeu a falar, andar, etc."? Será que continua a atender às crescentes e mutantes necessidades da empresa e seu ambiente? Será que o DNA da empresa está neste Programa e melhor será que este Programa já esteja no DNA da empresa? Aliás, quais são os fatores e passos que deveriam ser avaliados ao longo da jornada para a excelência?

Um método de avaliação do Programa de Excelência fornece o "quê" e "como" avaliar, um diagnóstico do Programa e a definição de próximos passos.

Enfim, tudo o que se deseja gerir e melhorar deve ser medido, e essa máxima também se aplica ao Programa de Excelência, que nada mais é do que um processo de melhoria contínua, e todo processo necessita ser acompanhado através de seus principais fatores e suas métricas. Por isso os gestores devem fomentar a avaliação dos Programas de Excelência nas empresas.

O "que" e "como" medir?

Uma avaliação de um Programa de Excelência deve considerar diversas dimensões que indiquem o nível de atendimento das necessidades da organização e seu meio ambiente, a evolução do Programa e sua sustentabilidade. O conjunto dos resultados dos diversos indicadores principais forma o que é comumente chamado de "maturidade" ou "índice de maturidade" do Programa de Excelência. Na sequência, temos esses principais fatores.

Métodos de excelência

É necessário identificar quais metodologias estão em uso e como se relacionam entre si. Por exemplo: será que existem departamentos distintos para cuidar de métodos de excelência? Esses departamentos ou metodologias são conflitantes dentro da organização? Estão em uso as metodologias mais adequadas para o momento atual da empresa? Existe integração no uso das metodologias? Existe gestão dos projetos? Inovação? O que já se alcançou dentro do uso de cada metodologia?

Estratégia da excelência

É necessário identificar se há um plano estratégico que indique quais serão os passos, ou marcos, a alcançar ao longo do tempo na jornada para a excelência. Por exemplo: será que existem metas e indicadores específicos relacionados à implantação de metodologias? Como estão esses resultados? Existem atualizações ou revisões com base nesses resultados?

Como está o processo de gestão da excelência? Isso deve ser verificado para todas as ações efetuadas pela área de excelência. Por exemplo: será que há um método estabelecido e seguido com respeito à seleção de projetos *Lean Six Sigma* e os "Belts" a treinar e liderar projetos? A maneira de fazer isso é informal, organizada, bem estruturada, gerenciada ou está em melhoria contínua?

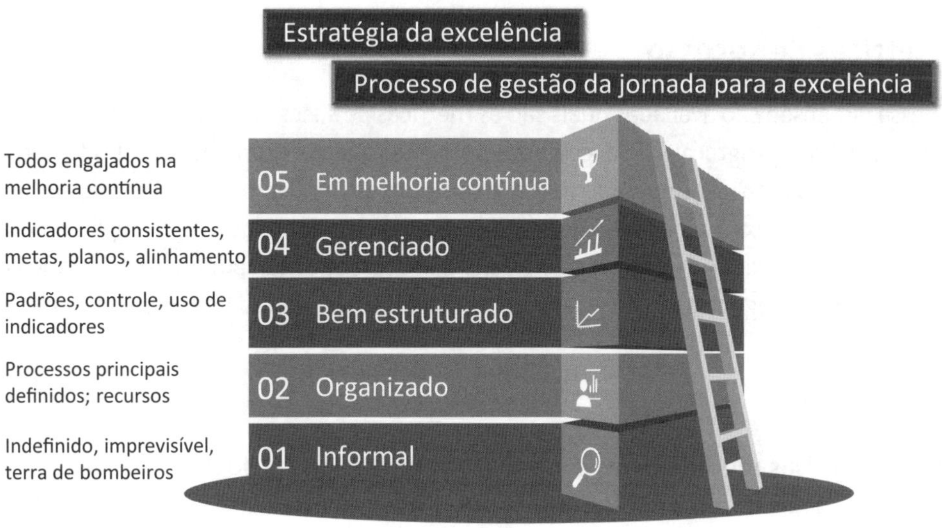

Fonte: baseado no CMMI Model.

Capilaridade da excelência

A capilaridade indica o quanto e por onde as ações de excelência já se espalharam pela empresa. Por exemplo: será que o foco atual ainda é o de treinamento de algumas ferramentas/metodologias para algumas áreas específicas? Ou será que as ações e projetos de excelência transcendem os departamentos e se enxergam e se atuam em cadeias de valor?

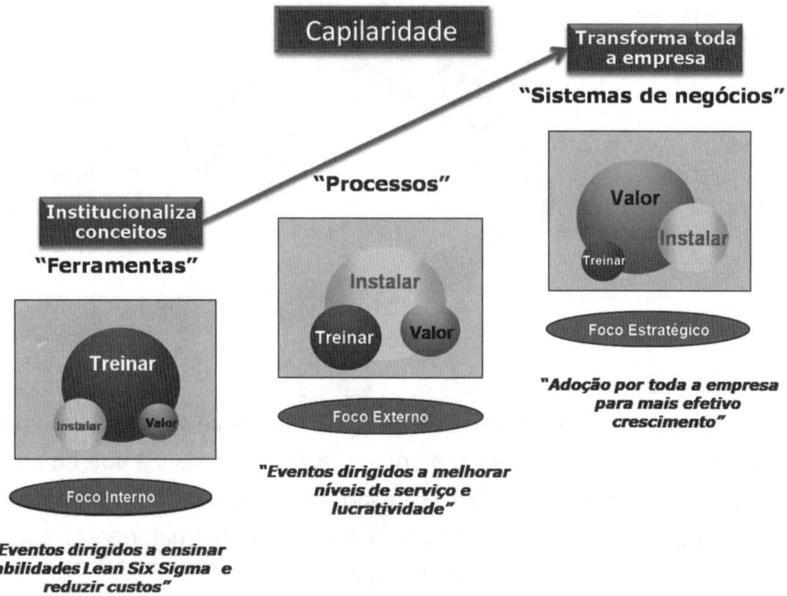

Métricas de sucesso

Nessa dimensão são avaliadas quais são as métricas de sucesso (KPIs – *Key Performance Indicators*) dos programas de excelência, pois estas exercem um impacto fundamental no progresso e na continuidade deles, e também se analisam os resultados atuais e tendências. Por exemplo, devem existir indicadores relacionados às estratégias da área de excelência (ex.: % de projetos e *Kaizens* de sucesso) e indicadores relacionados às estratégias de negócios (qualidade, produtividade, custo, rentabilidade, mercado, etc.).

Ferramentas

Em função das metodologias em uso e das necessidades do negócio, devem ser avaliadas quais as ferramentas implantadas *versus* as esperadas e a efetividade da aplicação destas:

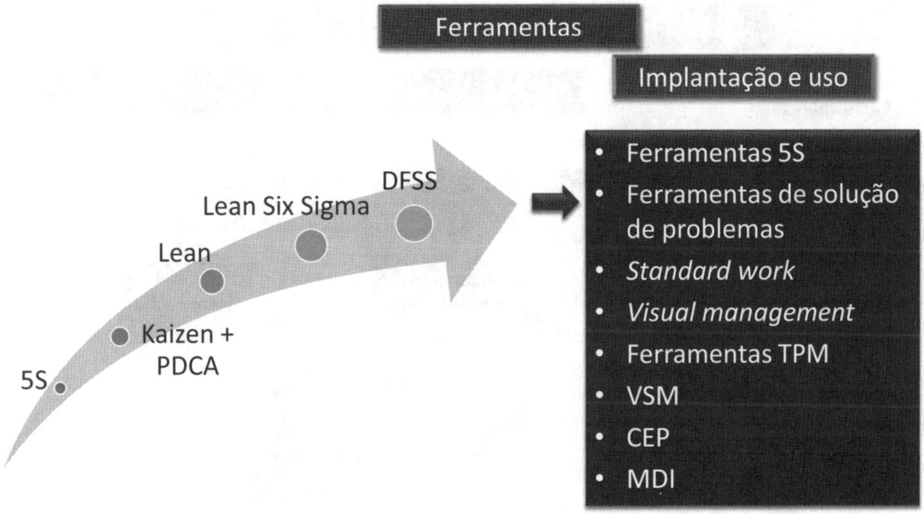

Colaboradores

Deve ser avaliado se existe o acompanhamento de indicadores consistentes que indiquem o engajamento, a capacitação, a autonomia e o trabalho em equipe por parte dos colaboradores; também devem ser verificados os resultados desses indicadores e seus planos de melhoria. Também devem ser verificadas evidências de celebração e reconhecimento.

Liderança

Deve ser avaliado o nível de engajamento por parte dos líderes (incluindo os de alto nível) em relação ao Programa de Excelência. Por exemplo, qual a participação efetiva dos líderes na seleção de projetos de melhoria, *Kaizens* e seus líderes? Os líderes têm métricas anuais relativas à excelência? Estas impactam seus bônus? Eles participam na avaliação de projetos?

Mudança cultural

A avaliação deve indicar qual a atual "fase de vida" das diversas metodologias que estão em curso: implantação, crescimento, maturação, declínio, retomada ou novo crescimento. Além disso, deve verificar se existe um plano de *change management* relacionado às metodologias de acordo com a sua "fase de vida" constatada.

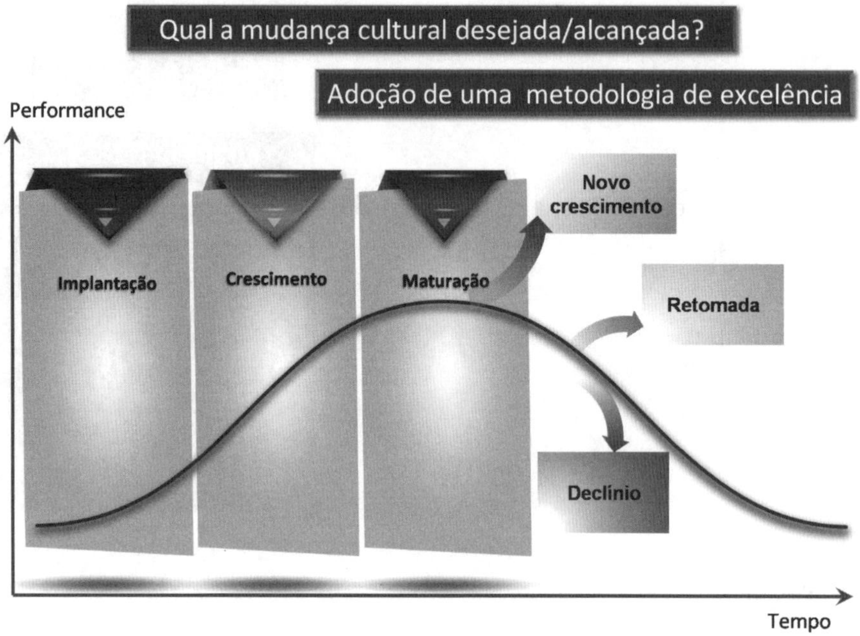

Gráfico de maturidade

Um gráfico final com o nível do resultado alcançado para cada um desses fatores críticos indicará o grau de avanço atual do Programa de Excelência.

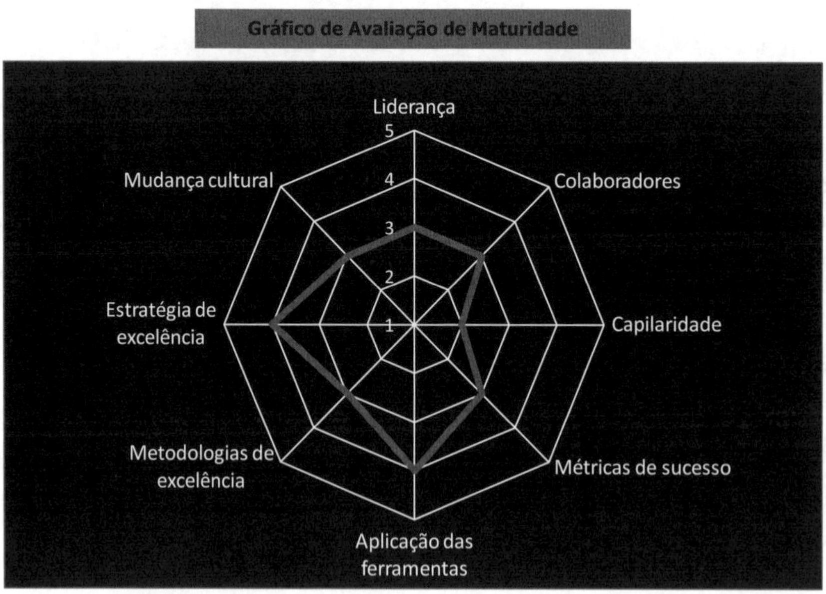

Quais são as etapas da avaliação?

A execução é composta basicamente de três etapas: coleta de dados e informações; visita às áreas; e elaboração do relatório final com sugestões de avanço.

Normalmente a duração dessas etapas varia de acordo com os seguintes aspectos da organização: complexidade (número de áreas, negócios e pessoas envolvidas), nível de maturidade da excelência na organização, existência ou não de avaliações da excelência prévias, disponibilidade de dados e recursos. O tempo típico para a avaliação na maioria das organizações é de 3 a 5 dias por *site* ou área central (quando esta dispõe dos dados de suas filiais).

Porém, após a avaliação, o líder de excelência da organização deve organizar uma revisão da estratégia da excelência e estabelecer um plano de acompanhamento de avanço, o qual será verificado durante a próxima avaliação.

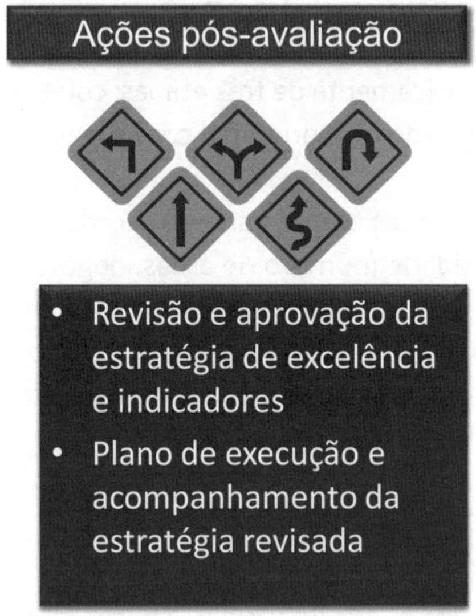

O que proporciona a avaliação?

A aplicação periódica de um Método de Avaliação do Programa de Excelência tem como resultado um diagnóstico que permite a uma organização medir, gerenciar e aprimorar o avanço da jornada para a excelência, e faz isso por ter em conta o impacto dos diversos fatores críticos e suas inter-relações no avanço da excelência.

Conclusão

Através deste capítulo foram comentadas a evolução histórica, a aplicação e a convergência das metodologias de excelência atualmente mais aplicadas para qualidade e produtividade, gerenciamento de projetos e inovação; bem como foi apresentado um processo de avaliação dos sistemas de excelência presentes nas organizações.

Nota-se que as metodologias de excelência também evoluem com o tempo e surgem novas necessidades e aplicações, até mesmo um uso híbrido de metodologias, que, em vez de competirem entre si, podem se apoiar. Isso tem trazido oportunidade para as organizações evoluírem seus sistemas de excelência, porém para isso necessitam saber medi-los – daí a relevância de um processo de avaliação dos sistemas de excelência: para que seja possível saber aonde e como está o Programa de Excelência da organização, definir para onde se deseja ir e depois medir o avanço na direção desejada.

E, conforme destacado ao longo deste capítulo, o profissional da área de excelência, um dos personagens principais no Programa de Excelência de uma organização, necessita cada vez mais ter boa compreensão do conjunto de metodologias de excelência, suas aplicações e convergências, para que possa indicar o "remédio certo para cada situação específica", em vez de sempre se fixar em um ou outro método. Esse profissional deverá evoluir constantemente e agregar ao seu conhecimento os pontos destacados neste capítulo e ainda outros, como: liderança, *data analytics* e *big data*, indústria 4.0 e os futuros avanços que virão. Dessa maneira, o profissional terá condições de trazer a excelência como um caminho a ser trilhado dentro de uma organização.

6. Xadrez, Pôquer e Projetos!

Alex Urbano[26]

Então você começa a ler este capítulo já com uma pergunta na cabeça: o que será que esse cara quer dizer com xadrez, pôquer e projetos?

Garanto que há muito de experiência pessoal no que você vai ler. Então prepare-se para encontrar algo que pode ser aplicado a sua vida e pode ajudá-lo consideravelmente a obter sucesso em seus projetos, negócios e até mesmo na vida pessoal.

A teoria dos jogos foi pela primeira vez desenvolvida por John Von Neumann e posteriormente ampliada pela mente brilhante de John Nash – basta dizer que este

---

[26] Nota do autor: As ilustrações deste capítulo são de Ana Palu.

matemático foi ganhador do prêmio Nobel de economia em 1994 com a "teoria dos jogos não cooperativos", demonstrando a existência de um ponto de equilíbrio em negócios estratégicos com múltiplos jogadores.

Teoria dos pontos de equilíbrio

O ponto de equilíbrio de John Nash explica, por exemplo, por que diversos comerciantes escolhem abrir sua loja ao lado de concorrentes, formando grandes centros de compras para uma determinada categoria de produtos – exemplos conhecidos são praças de alimentação, ruas que só vendem lustres, ruas que só vendem eletrônicos etc. Parece até contrassenso, mas não é: cada comerciante tenta buscar o ponto de equilíbrio, estando onde muito provavelmente os clientes que buscam determinados produtos estarão.

Teoria dos jogos nada mais é do que o estudo situacional do comportamento humano ou até mesmo de máquinas, haja vista a evolução do *machine learning* através da inteligência artificial, onde os agentes econômicos precisam decidir algo e baseiam-se em como os outros agentes, competidores ou não, agirão.

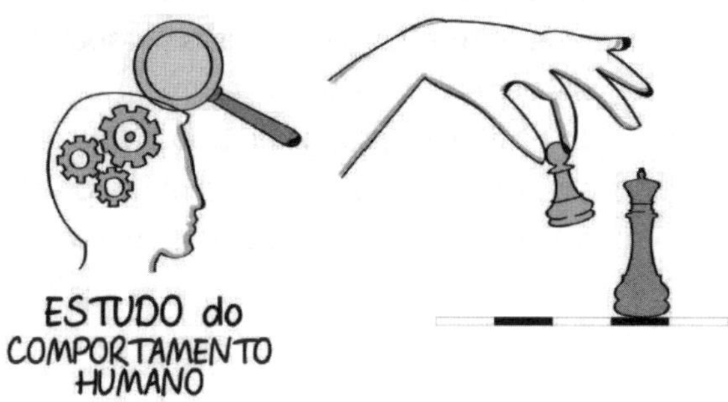

Estratégias e pessoas

Sim, estamos falando de estratégia, a mesma estratégia tão fundamental quando falamos em inovação – e não podemos esquecer que inovação é sempre um projeto.

Projetos de um modo geral são compostos por um time de pessoas que trabalham em "conjunto" para atingir um objetivo comum, mas nem sempre isso acontece assim de forma tão harmoniosa e sinérgica. Diria até que quase nunca acontece assim, pois se assim fosse não teríamos tantos projetos fracassando ou entregando resultados e benefícios muito abaixo do esperado por seus patrocinadores.

Claro que estamos falando de times e grupos empresariais que ainda possuem baixa maturidade em gerenciamento de projetos, mas isso é outra história e que já vem sendo abordada à exaustão por outros autores e pelos escritórios de projetos que têm como um de seus objetivos aumentar a maturidade das organizações. Então vamos deixar o tema maturidade para outro momento.

Agora vamos abordar o lado das relações humanas e dos chamados *soft skills*, que são as habilidades interpessoais para trabalhar em equipe, bem como a capacidade de motivar o outro.

Para isso precisamos lembrar que todo projeto tem como regra quatro momentos básicos: *forming*, *storming*, *norming* e *performing* – o famoso modelo de Tuckman que em bom português significa:

- ***Forming***: formação do time, com primeiros contatos, a ideação do projeto e o entendimento dos objetivos.
- ***Storming***: momento de turbulência onde há oposição de ideias e de modo de trabalho, argumentos, visões antagônicas, posições baseadas em experiências pessoais e até mesmo egocentrismo das pessoas.
- ***Norming***: momento de normatização, onde as pessoas começam a se alinhar e as ideias convergem para um objetivo comum.
- ***Performing***: situação na qual os grupos de trabalhos começam a ganhar produtividade e sinergia no processo de trabalharem juntos e buscando a melhoria contínua, aumentando cada vez mais o desempenho.

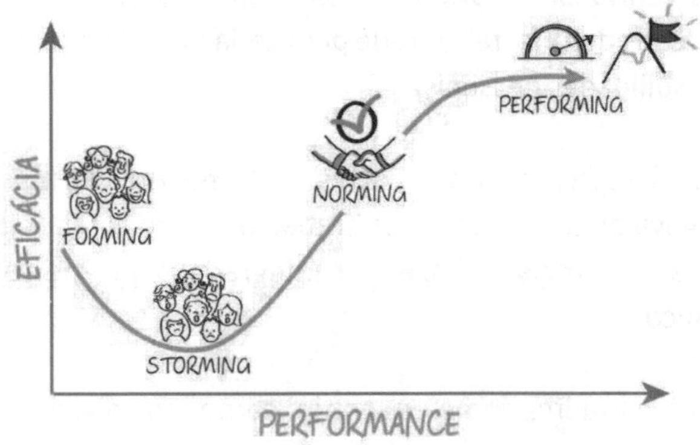

Há um quinto estágio chamado de *Adjourning*, que é o momento da conclusão das tarefas ou do projeto e que traz a sensação de completude e reconhecimento entre os membros de um time.

Então é aqui que entramos no mundo do xadrez, pôquer e projetos.

A arte do jogo

Talvez para você que está lendo e não conhece em detalhes os jogos, tente abstrair, não é necessário conhecer em detalhes para entender o conceito por trás dessa visão.

Em minhas experiências pessoais, venho usando a técnica de sempre pensar se durante um projeto estou jogando pôquer ou xadrez, e o leitor perceberá que existe uma razão para isso e que não é uma insanidade pensar assim.

Você perceberá – e aqui eu coloco um momento para que você faça uma introspecção durante a leitura –, pensando em várias situações que você já viveu em seus projetos, negócios ou na própria vida pessoal, que certamente já jogou xadrez ou pôquer, mesmo que nunca tenha jogado de fato esses jogos.

Há muito tempo venho exercitando as três artes: pôquer, xadrez e gerenciamento de projetos (sim, considero "arte" porque para cada uma delas é preciso mais do que técnica, requer habilidades pessoais).

No início eu utilizava cada uma dessas "artes" de forma isolada, mas com a frequência com a qual eu jogava pôquer e xadrez ou trabalhava com gerenciamento de projetos comecei a ter uma visão mais abrangente e integrada, o que me obrigou a relacioná-las sempre. Explico.

Muitas vezes jogamos xadrez como um *hobby*, como uma diversão ou simplesmente como um exercício de lógica; assim acontece também com o pôquer, que muitas vezes não passa de um bom momento de carteado entre amigos ou, para os mais viciados, uma forma de competição e oportunidade de apostar com o objetivo de ganhar uma grana.

Existem aqueles que fazem do gerenciamento de projetos um conceito baseado em técnicas (*hard skills*) ou ainda aqueles que se aventuram em gerenciar projetos só se preocupando com os efeitos e esquecendo que por trás de qualquer efeito sempre há uma causa. Gerenciar projetos é uma arte e o artista deve ter a sensibilidade para imaginar como a sua obra ficará antes de tê-la iniciado e quais os benefícios que serão entregues aos *stakeholders*.

Os campos de batalha

Voltando ao tema principal, é incrível como podemos fazer uma relação clara entre xadrez, pôquer e projetos.

Costumo dividir os dois jogos (xadrez e pôquer) em duas variáveis claras que podemos identificar no campo do gerenciamento de projetos – e quando digo projetos estou falando no conceito mais amplo que esta palavra pode ter, sem nos focarmos em segmentos de negócio especificamente.

As duas divisões claras que existem são as "jornadas e batalhas" que acontecem em campo aberto e em campo fechado. Existe uma diferença muito grande entre combater em um terreno amplo e descampado, como nas famosas batalhas de Waterloo ou como nas cruzadas medievais, onde os oponentes enxergavam-se à distância, tinham pleno conhecimento da quantidade de arqueiros, cavaleiros e do arsenal bélico que o inimigo possuía, propiciando assim uma melhor definição da estratégia a ser adotada para aquele combate.

Outra situação é combater em campo fechado, como foi feito no Vietnã, nas florestas e matas fechadas, onde não temos conhecimento do inimigo, quantos são e quais são as forças e estratégias de que dispõem.

Quando transportamos esse conceito para o gerenciamento de projetos podemos fazer a mesma analogia: gerenciar projetos em campo aberto é como jogar xadrez; você conhece o escopo, sabe quais são os *stakeholders* e sabe muito bem onde está pisando, tem uma visão clara do time e conhece o objetivo dado pelo *sponsor*, bem como o seu próprio objetivo, além de conhecer toda a hierarquia do jogo, regras e o seu desenvolvimento.

Portanto, jogar xadrez é como combater em campo aberto e administrar o conhecido.

No pôquer, em qualquer modalidade que você possa jogar, existe uma relação obscura no decorrer do jogo. O campo é fechado, você não conhece a mão do seu oponente, não tem domínio sobre as cartas que irá receber, você nunca sabe quando está olhando para seu oponente ou para uma máscara, as relações passam através de regras claras; entretanto, o desenvolvimento do jogo é totalmente no escuro, é como se você estivesse combatendo em mata fechada sem saber se será atacado repentinamente.

No pôquer você ainda encontra variáveis econômicas fortes, o dinheiro, sem o qual não existe fator motivador para que o evento aconteça, além de possuir um apelo psicológico ligado à pressão do dinheiro envolvido, que faz suscitar medo, angústia, ambição, frustração, euforia, ódio, alegria, etc.

Aqui proponho analisar o xadrez e o pôquer sob uma visão de gerenciamento de projetos.

Imaginemos um tabuleiro de xadrez com suas 64 casas que se alternam entre casas pretas e brancas; de um lado estão a sua força de combate dividida e alocada em posições estratégicas e hierárquicas. À frente, os peões, seguidos de armamentos poderosos tais como cavaleiros e torres, suportados pela força do clero, representado através dos bispos. E no meio está a peça-chave do jogo, o rei, que deve estar seguro de todos os perigos. Ao seu lado a dama ou rainha, uma poderosa peça que representa o poder do povo ao lado de seu rei, daí a força de ataque e defesa da rainha no xadrez.

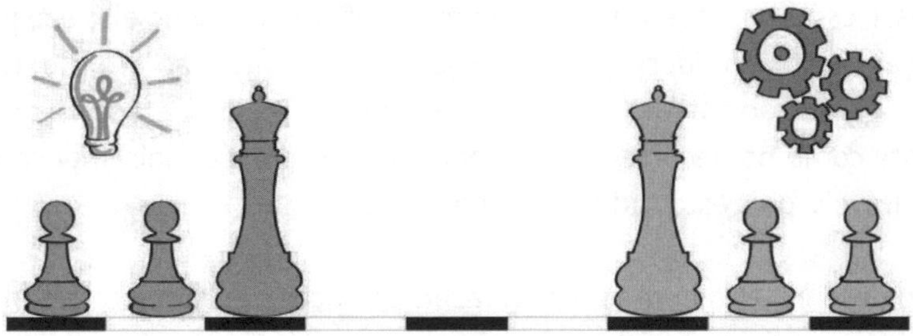

Exatamente do outro lado do tabuleiro estão as forças do seu adversário, que não são nem melhores nem piores do que as suas forças. Elas são exatamente iguais em quantidade e poder.

O objetivo é o mesmo para ambos, ou seja, é cercar o rei inimigo de maneira a torná-lo preso e indefensável. O objetivo é o xeque-mate.

Isso tudo é um cenário. Um cenário montado tal e qual vivenciado no mundo dos projetos; no desenrolar desse cenário, que vai mudando a cada lance, existem negociações, existem estratégias, existe o momento certo para atacar e o momento de se defender.

No dia a dia dos projetos as relações são exatamente iguais a um jogo de xadrez, ou seja, você não parte para o ataque se você não tiver certeza de estar seguro em sua defesa. Muitas vezes erramos ao atacar sem imaginar o contra-ataque que pode surgir e fazer com que toda sua estratégia seja em vão, muitas vezes podendo ser fatal. Assim, sempre temos o planejamento geral do projeto, que devemos fazer antes de partir para a execução.

Temos que mensurar nesse planejamento os riscos e as oportunidades. Sair diretamente executando nem sempre é a maneira mais produtiva ou acertada de obter resultados, mesmo que falando em métodos ágeis.

Jogo não cooperativo

Durante um jogo de xadrez, analisamos todo o tempo as vantagens competitivas envolvidas, e essas vantagens tornam-se muito eficazes quando elas são percebidas pelas forças ou *stakeholders* que têm objetivos contrários ao projeto. O planejamento, a organização e a forma como você implementa uma ação nos projetos são exatamente como no decorrer de uma partida de xadrez: o mais importante é que são mensuráveis, pois está tudo ali na sua frente.

Durante o desenrolar de uma partida fazemos opções de troca ou até mesmo de perda substancial de material em função da sua estratégia, o que nos remete novamente à negociação que existe nos projetos – negociamos o tempo todo, muitas vezes para alinharmos as ações e o escopo, outras para reduzirmos custos, outras para atingirmos objetivos intermediários, etc.

O mais incrível é que durante um jogo vivemos momentos de extrema pressão, onde somos forçados a entregar posições, sermos flexíveis e resilientes, algumas vezes temos que entregar a rainha para podermos salvar o rei e continuarmos no jogo. E nos projetos agimos de modo diferente? Muitas vezes abrimos mão de algo no escopo para termos a possibilidade de continuarmos com o projeto e entregarmos os benefícios.

E os momentos críticos, em que sacrificamos um peão ou peça mais valiosa para abrirmos um espaço desejado ou uma estratégia mais ambiciosa? Isso é exatamente igual no dia a dia de um gerente de projetos que tem que tomar decisões desse porte. Os riscos mapeados e mensuráveis, e uma estratégia está em curso.

Como falamos anteriormente, isso cabe dentro do nosso campo aberto e conhecido; sendo assim, o xadrez é uma das etapas nas quais está inserido o gerente de projetos.

Analisamos agora o lado do campo fechado, ou seja, o imprevisível, o misterioso. Isso é pôquer no gerenciamento de projetos.

O cenário é composto por você, uma mesa, um baralho, vários oponentes, ou seja, você contra todos e todos contra todos, aquilo que Nash chamou de "jogo não cooperativo".

Jogo psicológico

No pôquer as relações são subliminares, as cartas são embaralhadas e depois são distribuídas, levando consigo os ventos da sorte, mas não é só sorte – pôquer está muito longe de ser um jogo de azar. Pôquer requer muita sensibilidade, habilidade e percepção.

Tão logo a distribuição das cartas começa, um jogo psicológico toma conta do cenário. Existem vários movimentos que não estão nas regras, mas são partes fundamentais do jogo. Há um verdadeiro jogo de caras e bocas, ou simplesmente um profundo silêncio estampado nos rostos dos jogadores, que mais parecem estátuas de cera, simplesmente para não denotar qualquer sentimento, comumente chamado de "poker face". O jogo é frio.

Os jogadores passam a analisar suas condições em termos cinéticos e potenciais, pois ainda haverá uma rodada de troca de cartas que podem melhorar a vantagem competitiva de cada "player".

As estratégias são feitas – e, assim como no xadrez, existem quantidades absurdas de oportunidades disponíveis, o que faz dos jogadores excelentes em *soft skills*, com habilidades para influenciar os outros.

As relações humanas e as habilidades para perceber sutilezas são fundamentais no projeto. A neurolinguística torna-se primordial nesse campo fechado.

Além das forças da probabilidade, existem aspectos a serem observados, tais como: objetivos pessoais, ousadia, quebra de paradigmas e medos.

Tudo isso exige do jogador ou gerente de projetos uma enorme sensibilidade e atenção aos mínimos movimentos. Essa é uma arte refinada que o gerente de projetos desenvolve: ver além do que é visível.

Ainda assim, com toda essa avaliação, toda a sensibilidade, toda a estatística e lógica matemática envolvida nesse processo, nem sempre o melhor jogo é que leva o cacife, a bolada. Por quê?

Existe um fator no pôquer que é fundamental nos projetos: saber arriscar, saber avaliar, até mesmo quando você não tem nada na mão. Saber blefar.

Parece horrível falar em blefar em projetos, é totalmente contraditório aos *hard skills*, que são as técnicas que aprendemos para gerenciar. Mas, falando francamente, técnicas por si só não levam um projeto ao sucesso. Se assim fosse, não precisaríamos de pessoas habilidosas para gerenciá-los.

Isso mesmo, a palavra-chave é blefar, mas até mesmo para blefar você tem que ser respeitado pelos *stakeholders* opositores. Não adianta blefar toda hora, porque se pagarem para ver e perceberem que você é um blefador, sempre pagarão para ver, e você perderá a credibilidade. Portanto, é importante ter base de sustentação em alguns momentos, assim a oposição ao projeto nunca saberá quando você está ou não blefando. Aqui lembramos da análise de *stakeholders* e suas posições no projeto.

Outros momentos interessantes são aqueles em que ninguém pagou para ver seu jogo, você tem uma quadra de ases na mão (jogo bem alto), entretanto, como ninguém pagou para ver, para que mostrar as cartas? Ou por que não mostrar?

Quando deparamos com situações de extrema pressão em projetos, às vezes o blefe é a melhor saída, às vezes não. Só um excelente gerente de projetos saberá quando fazê-lo, muitos até intuitivamente. Ser gerente de projetos é ser um exímio negociador e articulador.

Escolha seu jogo

Sempre que entramos em um projeto, que está inserido em um cenário complexo com forte oposição, devemos avaliar bem porque, assim como no pôquer, uma jogada mais ousada poderá nos assustar e correremos desse jogo, colocando a perder todo o planejamento feito.

Sendo assim, e ponderando as duas situações, entendemos que o gerenciamento de projetos é mais complexo que os jogos individualmente, porque alternam-se os momentos de xadrez e pôquer, cabendo ao gerente do projeto saber qual jogo está sendo jogado.

A grande desafio é saber quando se está em campo aberto ou campo fechado, e se jogar xadrez como se fosse pôquer, e vice-versa, o resultado pode ser desastroso. Então como saber? Existem muitas variáveis para analisarmos nesse tema, que é amplo e inesgotável, assim como a sublime arte de gerenciar.

Há uma miríade de possibilidades.

Agora que nós já temos algumas percepções, talvez possamos responder à seguinte questão:

Em qual jogo somos melhores? Pôquer ou xadrez?

Se soubermos a resposta, já percorremos boa parte da jornada na busca do autoconhecimento e saberemos quais são nossos papéis e qual jogo empreenderemos no cenário vivido.

Talvez uma boa mescla de pôquer e xadrez seja o melhor caminho.

Fica aqui o desafio.

7. Gestão de Custos em Programas de Excelência Operacional

Carlos Lara

Introdução

Gestão de custos se tornou um tema estratégico para as organizações, especialmente em um ambiente de negócios dinâmico e repleto de inovações apoiadas pela ciência de dados, por metodologias de *analytics*, *big data*, ferramentas de inteligência artificial (AI, na sigla em inglês), entre outras.

Nesse contexto, os programas de excelência operacional e a velocidade na implementação das soluções desenvolvidas se tornaram essenciais e prioritários, especialmente por proporem, de forma intrínseca, ações com foco em redução de custos.

Esses programas demandam esforços de tempo, investimentos, capacitação e formação de equipes, e têm como meta transformar a organização em um lugar de alta eficiência, eficácia e resultados superiores. Os projetos de excelência operacional devem sempre responder às seguintes questões:

- Qual é o resultado financeiro do projeto?
- Em quanto tempo?
- Qual é a contribuição com os resultados do negócio?

Responder a essas questões não é uma das tarefas mais fáceis; normalmente geram muito calor entre o time do projeto e a diretoria, especialmente no início do projeto. Elas envolvem incertezas, estimativas e uma boa dose de bom senso. Essas respostas estão ligadas de forma direta à garantia do resultado do projeto, servindo como um norteador das ações e etapas do projeto, sua aprovação e continuidade.

A clareza de informação, dos custos envolvidos, dos resultados no tempo esperado e seu acompanhamento durante o desenvolvimento e a implementação são fatores críticos de sucesso.

Estudo desenvolvido pela Deloitte Consulting LLP, intitulado "The Deloitte Global Chief Procurement Officer Survey", de 2018[27], com mais de mil executivos de alto nível de companhias americanas, latino-americanas, asiáticas e europeias, constatou que cerca de metade das organizações busca redução de custos no patamar de 10% dos valores atuais gastos, porém aproximadamente 66% (dois terços dessas empresas) não atingem os resultados esperados.

Uma das prováveis causas é o nível de profundidade do mapeamento e da análise de custos e seus impactos.

Esse mapeamento deve ser detalhado o suficiente e considerar todos os custos envolvidos, internos e externos à organização, e seus impactos. A gestão de custos e sua profundidade são definidas à medida que se tem clareza da relevância do custo e seu impacto no resultado da organização.

Essa robustez de análise só se consegue através de um novo olhar para os processos e seus custos, de forma mais estratégica, considerando suas composições e seus direcionadores. Essa avaliação é decisiva para obter a máxima eficiência financeira e garantia dos resultados esperados.

Neste capítulo desenvolveremos de forma prática esse novo olhar através de uma abordagem estruturada com foco em gestão de custos, que mapeia os processos considerando seus custos de forma inteligente e estruturada, apurando de forma consistente e realista todos os custos relevantes envolvidos nos processos. Essa abordagem acompanha todas as etapas do projeto e garante robustez financeira a soluções desenvolvidas.

O que são custos diretos e indiretos e como identificá-los

Para o desenvolvimento das análises e apuração de custos, utilizaremos os conceitos a seguir, que não necessariamente coincidem com as definições contábeis, mas trazem de forma prática e objetiva o entendimento do comportamento dos custos.

---

[27] Disponível em: <https://www2.deloitte.com/content/dam/Deloitte/us/Documents/process-and-operations/us-chief-procurement-officer-survey-2018.pdf>. Acesso em: 31 jan. 2019.

Custos diretos

São todos os custos diretamente aplicados e necessários aos processos de produção, produto ou serviço. Por exemplo: mão de obra direta, matérias-primas, custos de amortização dos investimentos em máquinas, veículos e equipamentos, custos de manutenção e outros que se aplicarem ao processo.

Considerar como custos de amortização dos investimentos os valores desembolsados na aquisição, adequação, instalação e *startup* dos equipamentos na razão do tempo de vida útil esperado. Esse conceito se aplica a máquinas, equipamentos, veículos e suas adequações.

> Custos de amortização = valor dos investimentos
> + valor adequação + despesas de *startup* + outros

Se pudermos apurar custos residuais de equipamentos e veículos, estes também devem ser considerados.

Custos indiretos

São custos de gestão e administração necessários à produção, porém não aplicados diretamente aos processos de produção, produto ou serviço. Por exemplo: supervisão, qualidade, estocagem, etc.

Nesse caso, adotar o critério de rateio que reflita melhor a participação do componente nos custos do processo. Por exemplo: horas-homem de supervisão dedicada ao processo.

Despesas

Consideramos aqui os custos de administração geral, como finanças, alta direção, recursos humanos, vigilância patrimonial, etc.

Tributos

De forma simplificada e livre, são todos os valores pagos ao Estado, já descontadas as recuperações de créditos aplicadas aos produtos ou serviços.

Margens

Percentagem ou valor acrescentado ao custo de produção (somatório dos custos diretos e indiretos) de um bem ou serviço para determinar seu preço de venda. Deve considerar na sua composição os valores de lucro, tributos e despesas.

Lucro/Prejuízo

Resultado das operações e receitas obtidas nas transações comerciais, subtraindo os seus custos de produção, despesas e tributos.

Os conceitos anteriormente descritos devem ser utilizados no dia a dia, durante o mapeamento dos custos dos processos, e têm por objetivo ser mais realistas e permitir uma análise ampla.

Gestão do custo total

Desde os anos 1980 as abordagens de gestão de custos vêm evoluindo das tradicionais ações táticas para abordagens mais estratégicas. Em ambiente de negócios incerto, vulnerável, imprevisto e antagônico, "VUCA", essas ações táticas, que normalmente resultam em ganhos marginais, não são mais suficientes para obter excelência operacional nas organizações.

Novas ações estratégicas somadas a novas metodologias de desenvolvimento de projetos, produtos e soluções, tais como *Design Thinking*, *Design Sprint*, métodos ágeis como *Scrum*, entre outros, suportadas pelas tecnologias digitais, incrementam de forma dramática a eficiência e eficácia dos processos, além de permitirem a elaboração rápida de novos modelos de negócios e novas formas de trabalhar.

A velocidade como as soluções se desenvolve é fator crítico para o negócio. As soluções perdem rapidamente a eficiência e eficácia. Neste novo modelo, capturar rapidamente as eficiências desenvolvidas se torna vital para o desenvolvimento dos negócios.

Nesse ambiente, conhecer os custos envolvidos e saber onde apertar os botões certos se torna vital. Além de conhecer os custos da organização, devemos conhecer os custos dos demais agentes envolvidos no processo ou nos serviços. O conceito de custo total dos produtos ou serviços vai muito além da organização: temos que entender e gerenciar os custos dos seus clientes e fornecedores e seus processos de negócio. A variação em um componente de custo pode afetar seu produto ou serviço.

Reduzir custos, tanto próprios como de terceiros, passa a ser solução vital para sustentar os negócios e trazer o resultado esperado. Integrar os programas de excelência, gestão de custos e inovação é fundamental para o desenvolvimento de novos modelos de negócios. Gerir os custos envolvidos muito além de seus próprios custos (ou seja, gerir os custos dos fornecedores que estão fora da organização e que compõem a cadeia de valor do processo) possibilita o desenvolvimento sustentável de projetos e soluções que agregam resultados ao negócio.

Para atender a essas expectativas, além do uso de tecnologias digitais devemos desenvolver novo ambiente de relacionamento transparente e colaborativo com todas as partes envolvidas.

A abordagem de planilha aberta de custos ganha uma nova dimensão nesse contexto, passando a ser holística, suportada pelo desenvolvimento de novos bancos de dados, compostos dos custos próprios, de terceiros e suas composições.

Informações como capacidade instalada, processos, perdas de produtividade e ociosidade devem se somar às planilhas abertas para, em conjunto com fornecedores, entender os impactos em seus negócios e desenvolver a solução vencedora.

Esse conjunto de informações e a necessidade de soluções rápidas, eficazes e eficientes para garantir o atingimento das metas do negócio exigem um novo olhar para gestão de custos. A seguir descreveremos uma abordagem que direciona essa análise.

Inteligência de custos, uma nova abordagem

Para atender a essa nova dinâmica de negócios e à necessidade de gerir custos de maneira excelente e competitiva, apresentaremos em seguida uma abordagem que, aplicada em conjunto com as ferramentas do DMAIC, *Lean* e *Six Sigma*, como *Process Map* (SIPOC), *Value Stream Map* (VSM), garante e amplia a eficácia dos resultados dos projetos, considerando a dimensão custo do processo. Como demostramos anteriormente, conhecer os custos relevantes de todas as partes envolvidas, desde os fornecedores até os clientes, é estratégico para o desenvolvimento de soluções. Apresentaremos essa abordagem para o desenvolvimento de projetos a partir do olhar muito além da organização – chamaremos de **inteligência de custos**.

Essa abordagem está estruturada em quatro etapas, divididas em iniciativas de suporte e inciativas de evolução, apoiadas em informações internas, como informações contábeis, balanços, razão, demonstrativos de resultados, notas fiscais pagas, tributação aplicada à empresa e bancos de dados externos de mercado, IBGE, acordos coletivos, salários médios de mercado, cotações de máquinas e equipamentos e *benchmarking* dos melhores processos.

Esse banco de dados suportará o mapeamento de processos e a construção das composições de custos, avaliação das oportunidades e precificação dos projetos, além da montagem das bases de inteligência.

Levantamento de custos e processos

Esta é a etapa básica para a gestão de custos nos projetos de excelência, onde estabelecemos o referencial de custos para o projeto e definimos quais são os componentes de custos relevantes.

Para os principais custos, devemos nos aprofundar e elaborar composições de custos detalhadas envolvendo mão de obra, matérias-primas, equipamentos, energia, depreciação por utilização (não utilizar a depreciação contábil).

Gestão de custos não deve ser confundida com apuração de custos: devemos levantar e estudar de forma inteligente e integrada como cada um dos componentes das estruturas de custos das atividades interfere uns nos outros e apurar os direcionadores de custo que impactam e influenciam as composições individuais das atividades mais relevantes nos processos. São esses direcionadores que indicarão o caminho das oportunidades.

O objetivo é ampliar o olhar dos impactos nos processos dos diversos componentes e seus direcionadores.

Esta etapa deve acompanhar a construção do SIPOC, VSM e VSCM do(s) processo(s), indicando os custos relevantes e como se comportam.

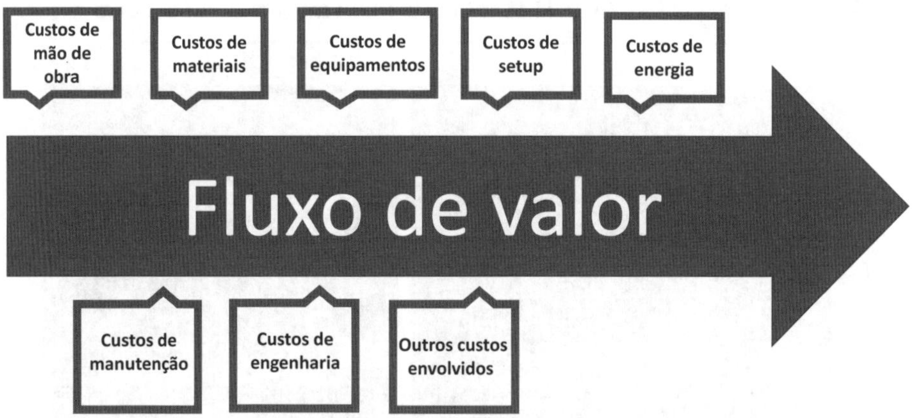

Mapeamento das oportunidades

Nesta etapa definimos quais são as oportunidades de redução de custos e eficiência nos processos analisados.

Em conjunto com SIPOC, VSM e VSCM, e utilizando ferramentas como *walk in the process*, 5W3H e *brainstorming*, daremos um mergulho profundo nas principais atividades do processo, sua relevância, suas composições e seus impactos. Olhar para fora e para dentro da organização na busca de oportunidade utilizando as perguntas a seguir como guia dos trabalhos:

- Preciso fazer isso?
- Esse custo é justo?
- Qual é o custo real desta atividade?
- Posso fazer de outra forma, mais econômica?

- Como a tecnologia pode ajudar?
- Se existe, qual é o padrão de mercado desta atividade?

Nesta etapa recomendamos realizar reunião *brainstorming* direcionada, *workshops* e visitas externas de *benchmarking*. As soluções aplicadas a outros setores ou empresas são grande fonte de inspiração e *insights*.

As melhores oportunidades serão aquelas que trouxerem maior eficiência e impacto no resultado. Serão aquelas que atuam nos principais direcionadores de custos do processo. Para ilustrar esta etapa analisaremos um processo de seleção de documentos por código postal (100% manual).

Durante o mapeamento das oportunidades, foi considerado que o principal componente de custo era mão de obra. As soluções de eficiência neste processo deveriam obrigatoriamente passar pela otimização desse custo, por redução de atividades e aumento de eficiência, que normalmente geram ganhos marginais, ou pela aplicação de tecnologia ou busca de outras maneiras de se fazer, soluções novas e ou disruptivas que tragam ganhos estratégicos e sustentáveis ao longo do tempo.

Para avaliar uma das oportunidades selecionadas, reduzir custos e aumentar a eficiência do processo, foi proposta a mecanização utilizando tecnologia em 100% do processo.

Para validar essa oportunidade, que demanda investimentos, foi elaborado um cenário básico considerando todos os investimentos, custos reais apurados nas etapas anteriores e novos custos estimados para esta hipótese, de pessoal e manutenção e outros.

Foi elaborado junto com os cenários um fluxo de caixa descontado para avaliar o *pay back* e os retornos esperados e estimado o tempo em que a solução será efetiva, para entendimento e definição da eficiência econômica financeira da solução.

Ao final da análise, essa oportunidade geraria 50% de redução de custos, com *payback* de 5 anos, o que foi considerado aceitável para a organização.

Neste exemplo avaliamos uma única oportunidade de solução para o problema e ajustamos a análise para investimento.

Para uma solução de otimização de processo sem investimentos em equipamentos ou tecnologia, devemos avaliar os ganhos diretos nos componentes de custo afetados.

Claro que a gestão de custos e os resultados financeiros são importantes em qualquer projeto de excelência, porém, eles sozinhos não respondem pela escolha da solução mais adequada. Outros benefícios e eficiências devem ser considerados, tais como segurança operacional, qualidade dos serviços, etc.

Somente após a validação dessa solução e sua seleção iniciamos a próxima etapa, que será transformá-la em um projeto de excelência operacional com redução de custos.

Projetos de eficiência

A partir das oportunidades selecionadas, se desenvolvem os projetos. Nesta etapa detalhamos as soluções selecionadas para desenvolvimento dos projetos. Adotaremos uma ou mais das metodologias existentes e ou as combinamos; não existe uma metodologia única que atenda aos diversos tipos de projetos, ambientes e contextos – existe, sim, aquela que se adequa mais.

O importante nesta etapa não é a metodologia, e sim como vamos utilizá-la para obtermos o melhor resultado em eficiência.

Um ponto fundamental nesta etapa é a seleção do time de projeto. Este deve ser composto de pessoas genuinamente envolvidas com o processo e sua melhoria, buscando habilidades específicas necessárias ao projeto, como engenharia, tecnologia, contabilidade, finanças, conhecimento de processo, leis, automação, tecnologias e com capacidade de influenciar as pessoas que serão impactadas direta ou indiretamente. Neste momento a diversidade de ideias e culturas é extremamente saudável para o projeto.

Outro ponto importante para o projeto é definir indicadores de evolução do projeto, que tenham transparência e credibilidade junto à organização e forem aprovados pela alta direção.

A(s) metodologia(s) selecionada(s) para o projeto e processo deve(m) levar em conta a velocidade de implantação e a robustez dos processos. A seguir, algumas considerações sobre três metodologias e/ou abordagens.

- ***PMBOK® Guide*** – Não é uma metodologia, e sim um guia das melhores práticas de projeto, contemplando 5 processos para a condução dos projetos, que são iniciação, planejamento, execução, monitoramento e controle e encerramento e 10 áreas de conhecimento. Estas práticas permitem gerir melhor os projetos da empresa e coordenar a execução com excelência. Elas estabelecem fluxos eficientes de informações e ações na organização, gerando produtividade, redução de custos e satisfação de profissionais e clientes.

- ***Kanban*** – Método criado pela Toyota e utilizado para implantar mudanças, ele oferece princípios que, quando aplicados, podem melhorar o desempenho e reduzir o desperdício, minimizando o impacto inicial de mudanças e facilitando a aceitação da implementação de melhorias mais significativas nos processos.
- ***Design Thinking*** – Abordagem elaborada para permitir a solução de problemas complexos utilizando a criatividade e a empatia. Aplica o modelo cognitivo e possui grande ênfase na velocidade de desenvolvimento das soluções. Parte do princípio de errar rápido, parar e aprender rápido. É desenvolvido em cinco etapas: empatia, definir, realizar, testar e construir protótipos.

Existem outros métodos ágeis, como *Scrum*, que poderão ser utilizados. O melhor é sempre adequar e explorar o que cada método tem de melhor e se possível mesclá-los.

A fase de implantação das soluções do projeto, independentemente da metodologia, é um momento crítico. Normalmente é nessa hora que se perde parte da eficiência projetada. Para evitar que isso ocorra, quatro fatores são essenciais: planeje a implantação, busque alinhamento estratégico com todos os níveis da organização, comunique, de forma clara e com credibilidade, todas as partes interessadas e impactadas e realize o gerenciamento próximo com informações e indicadores robustos o suficiente para permitir ajustes de rotas e tratamento de situações não previstas, que sempre existirão. Não perca de vista os principais custos envolvidos. Seu gerenciamento nesta fase é prioritário para garantir o atingimento dos resultados.

Projetos de redução de custos, aumento de receitas e eficiência devem demostrar claramente o quanto estão obtendo de resultado financeiro e/ou o aumento de produtividade esperada, independentemente se forem projetos de melhoria ou projetos disruptivos.

Inteligência

Durante as várias etapas, uma das iniciativas de evolução estratégica de maior impacto para o desenvolvimento dos projetos e obtenção dos resultados a partir da gestão de custos é o processo de **inteligência** somado ao acompanhamento dos projetos e o desempenho de suas soluções.

O desenvolvimento do processo de inteligência se inicia em conjunto com as a etapas de levantamento e mapeamento dos processos e oportunidades.

Nessas etapas, quando estamos construindo o SIPOC, o VSM e VSCM, os mapeamentos de dados e informações, somados às composições de custos, constroem conhecimento sobre os pontos críticos, atividades relevantes, as etapas que agregam valor e impactam no resultado, o que permitirá uma gestão eficiente e eficaz dos processos e seus resultados.

Durante a etapa de projetos, teremos uma série de novos dados e aprendizados, com mudanças de rotas, situações imprevistas, experiência com as diversas metodologias aplicadas e principalmente o que deu certo e o que deu errado, para alimentação do banco de dados.

A partir do conhecimento dos principais custos, suas composições e seus direcionadores, processos críticos e gargalos, surgem novas oportunidades e soluções que alavancam resultados.

Porém, se essas informações não forem tratadas adequadamente, elas se perderão. Para evitar isso, construiremos esse processo com base no ciclo de inteligência.

Este ciclo é composto de cinco fases que descreveremos a seguir. Aplicadas de forma contínua, vão garantir a consistência das informações e a vitalidade do processo de inteligência.

- **Planejamento da inteligência:** nesta etapa definiremos de quais informações necessitamos associadas aos projetos de excelência operacional e quais são úteis ao processo, produto, projeto, etc. e que deverão ser constantemente consideradas e revisadas. Quais serão os indicadores e como serão tratadas as informações.
- **Coleta das informações:** definir como serão classificados os dados, quais fontes serão utilizadas, SIPOC, VSM, VSCM, clientes, fornecedores, IBGE, Banco Central, etc. Qual será o processo de coleta, frequência, forma de obtenção e qualidade dos dados.
- **Análise das informações:** nesta fase realizamos a decomposição das informações para avaliação e integração das várias fontes e com os resultados dos projetos. Aqui definimos a profundidade da análise. É o momento da formulação de hipóteses para as futuras oportunidades de melhorias.
- **Divulgação:** definimos como será o processo de divulgação das informações, a forma, a frequência, para quem, como serão divulgados e partilhados.
- **Avaliação do processo de inteligência:** todo processo tem que ser avaliado e medido, e não é diferente com os processos de inteligência, onde a qualidade da análise e o tipo de informação gerada devem ser capazes de direcionar oportunidade de melhorias.

Inteligência de custos é uma abordagem estruturada baseada em um conhecimento sólido das composições de custos, com mapeamento das oportunidades e focada em resultados que, somadas às diversas metodologias de projeto e ferramentas de excelência, apoiadas pelo processo de inteligência, conduz os projetos a ganhos efetivos que impactam no resultado da organização de forma rápida, eficiente e eficaz, com clareza de onde atuar nos processos, construindo um círculo virtuoso de informações.

A seguir elaboramos um guia prático para ajudar no levantamento e desenvolvimento dos projetos com foco nos custos relevantes que alavancam os resultados. Este guia ajuda a aplicar essa abordagem de forma eficaz e rápida.

Guia prático para aplicação da abordagem de inteligência de custos

Para auxiliar na obtenção dos melhores resultados nos projetos de excelência operacional e a correta apuração de custos, ponto crítico do processo, desenvolvemos a seguir um guia prático para apuração de custos em quatro passos.

Primeiro passo

Construa o VSM ou *Process Map*, considerando todos os insumos, atividades e recursos necessários para a execução do processo, produto ou serviço. Verifique se foi apurada nas atividades a correta taxa de utilização dos recursos. Por exemplo, uma atividade demanda de uma pessoa 60% do seu tempo disponível, mas esta pessoa é totalmente dedicada à atividade. Nessa situação, a taxa de utilização deste recurso não é 60%, e sim 100% – este mesmo conceito se aplica a equipamentos, máquinas, ferramentas e veículos.

Para ativos em geral, como equipamentos, máquinas, imóveis, levantar os custos de aquisição, adequação e *startup*, e calcular o custo de amortização pela vida útil do ativo.

Segundo passo

A partir do mapeamento dos recursos e das atividades, apure os custos diretos e indiretos por atividade.

Matérias-primas são custos diretos e são apurados por quantidade utilizada. Para máquinas e equipamentos, necessários à produção ou execução do processo, sempre considerar a taxa de utilização. Para os custos indiretos (supervisão, inspeção, etc.), considere a taxa de utilização ou dedicação do recurso ou atividade, por exemplo: um supervisor tem sob sua responsabilidade dois processos, A e B, porém o processo A exige 60% do seu tempo, logo deverá ser alocado 60% do seu custo total. Nesses casos, uma boa estimativa baseada em análises de dados é suficiente para a correta apuração de custos.

Terceiro passo

Com todos os custos por atividades apurados, temos um mapeamento detalhado dos custos de produção, produto ou processo e seu custo total (custo direto + indireto). Utilizando o conceito de Pareto, curva ABC, são definidas quais atividades são geradoras dos maiores custos e sua representatividade no processo.

Para as atividades de maior representatividade, apurar quais são os principais direcionadores de custos, por exemplo: mão de obra, manutenção, etc.

Avalie também o impacto desse processo, produto ou serviço na organização. Verifique o impacto nos preços, nas margens e nos tributos.

Quarto passo

Neste passo desenvolveremos a melhor solução para o problema proposto, considerando o *Value Stream Map* e ou *Process Map* e os resultados do Pareto de custos.

A melhor solução para o problema será aquela que aumentar a eficiência dos principais componentes de custos do processo (Pareto de custos), associada à aplicação de ferramentas de melhoria *Lean Six Sigma*, tornando o processo mais enxuto e controlado, reduzindo custos e eliminado perdas.

Essa abordagem foca nos custos que são mais relevantes para o processo, tornando tangíveis os resultados e garantindo os objetivos de forma sustentável e eficaz.

8. Revolução Digital e o Ensino Sem Fronteiras

Thiago Coutinho de Oliveira

Introdução

Quero agradecer a todos os envolvidos neste projeto. Muito orgulho e gratidão por estar ao lado de consagrados autores. Sou Thiago, fundador da Voitto, e há mais de 10 anos vivencio as mudanças e os desafios que acontecem nas empresas, sobretudo no mundo educacional. Para que você entenda como, rapidamente vou compartilhar um pouco da minha história e mostrar como construí uma das maiores referências em ensino digital no Brasil.

Fundei minha empresa em 2008 quando era estudante de Engenharia de Produção na Universidade Federal de Juiz de Fora (UFJF). Naquela época, meu grande objetivo era fazer cursos de extensão complementares à minha formação que pudessem me oferecer um diferencial competitivo e aumentar as minhas chances de sucesso para conquistar uma posição de destaque em uma grande empresa. Esse era meu grande sonho! Na busca de me preparar para o mercado, acabei descobrindo uma grande oportunidade: o desenvolvimento de competências e habilidades valorizadas por grandes empresas em estudantes de engenharia. A ideia era antecipar uma etapa no processo: se as empresas investiam em programas de capacitação para seus colaboradores, por que não oferecer os mesmos treinamentos aos estudantes? Assim, eles teriam maior atratividade e aderência às necessidades do mercado (além de gerar economia para as empresas, que já receberiam profissionais preparados). Com a visão de alcançar todas as faculdades de engenharia do país, iniciamos nosso primeiro modelo de negócio. Em julho de 2008, lançamos a primeira turma de formação Seis Sigma em Juiz de Fora. As vagas se esgotaram em dois dias e a partir daí não paramos mais.

Como todo engenheiro que se preze, tratei de mapear todos os processos e criar uma linha de produção em escala para atender a toda e qualquer universidade do Brasil. Nos oito anos seguintes, alcançamos mais de 300 instituições em 143 cidades.

Norte a sul, leste a oeste, sem restrições. Onde tinha aluno interessado, estávamos presentes com nossos treinamentos.

Mas nem tudo são flores! Esse crescimento coincidiu também com a chegada da crise econômica e política em nosso país, além de todas as mudanças tecnológicas e de consumo que trataremos de forma mais detalhada nas próximas páginas. Tivemos que analisar nossa operação, reduzir desperdícios, enxugar custos e repensar nossas estratégias.

No ano de 2016, resolvemos encarar o promissor mercado de Ensino à Distância (EAD) e dar um passo rumo a esse mundo, até então desconhecido. A missão era transformar o que seria uma ameaça para uma empresa de treinamento presencial em uma grande oportunidade.

"Foi como trocar as asas do avião com ele voando".

Destaco essa frase porque ela traz uma lição sobre a importância, e necessidade, de agilidade e capacidade de execução frente ao *feedback* do seu produto ou serviço. É preciso ser rápido! Planejamento, coragem, iniciativa, gestão de riscos e trabalho em equipe, novas competências foram desenvolvidas, novos processos mapeados, um novo modelo operacional foi criado e hoje nos orgulhamos em dizer que somos outra empresa, uma empresa digital, que aprendeu a se adaptar, faz uso da tecnologia a favor do ensino e que se reinventa a todo instante diante das respostas que o mercado nos apresenta.

Não há desenvolvimento na zona de conforto, e essa história nos fez mais fortes. É sempre muito difícil de entender isso quando se está no olho do furacão, e pode parecer até difícil de aceitar, mas quando passa tudo ganha um sentido. E acredite: tudo passa.

Nas dificuldades, tive acesso a pessoas extraordinárias e mentorias empresariais que fizeram enorme diferença para sermos o que somos hoje e é na gratidão de ter recebido tanta coisa que me inspiro para descrever essa experiência. Por isso, eu tenho uma enorme satisfação em compartilhar algo tão presente em minha história. Bom, vamos ao que interessa!

Neste capítulo você terá a oportunidade de refletir sobre a importância de se adaptar às mudanças oriundas pela revolução digital, as novas fronteiras do ensino (ou ausência delas), além de uma visão geral sobre o comportamento do consumidor e das perspectivas nesse promissor mercado de ensino a distância.

Se esse assunto lhe interessa, vamos compreender o primeiro passo para qualquer estrategista: entender o contexto no qual estamos inseridos.

Contexto de mudanças e a revolução digital

- A Uber anunciou recentemente (30 de agosto de 2018) que o Brasil está entre os cinco países finalistas para receber já nos próximos 5 anos os testes do serviço Uber Air, a rede aérea de transporte compartilhado em desenvolvimento pela Uber e parceiros.[28]
- A *startup* colombiana Rappi, fundada em 2015 (no Brasil desde julho de 2017) com a missão de "entregar tudo o que os usuários querem em até 1 hora na porta da casa ou do escritório", levantou mais de US$ 200mi em investimentos e chegou ao valor de mercado de US$ 1bi.[29]
- Apple é a primeira empresa privada a alcançar marca de US$ 1 trilhão em valor de mercado, superando a soma de todas as companhias listadas na Bovespa.[30]
- Um ano após a publicação de um decreto que regulamenta a modalidade, o número de polos de ensino à distância (EAD) autorizados no Brasil cresceu 133%.[31]

As notícias citadas reforçam que estamos expostos a um novo ambiente empresarial. Negócios consagrados deixam de existir, ao mesmo tempo em que *startups* impulsionam seus modelos de negócios e despertam nos consumidores necessidades que antes não existiam. A análise do contexto no qual estamos inseridos deve sempre ser o ponto de partida para qualquer aprofundamento. A todo tempo, somos expostos

[28] SUTTO, Giovanna. Uber anuncia que Brasil está na lista de países que podem receber sua aeronave. **InfoMoney**, 30 ago. 2018. Disponível em: <https://www.infomoney.com.br/negocios/grandes-empresas/noticia/7594523/uber-anuncia-que-brasil-esta-lista-paises-que-podem-receber>. Acesso em: 07 jan. 2019.

[29] MIOZZO, Júlia. Rappi, "delivery de tudo", vira novo unicórnio da América Latina. **InfoMoney**, 04 set. 2018. Disponível em: <https://www.infomoney.com.br/negocios/startups/noticia/7601301/rappi-delivery-de-tudo-vira-novo-unicornio-da-america-latina>. Acesso em: 07 jan. 2019.

[30] APPLE atinge marca de US$ 1 trilhão em valor de mercado. **G1**, 02 ago. 2018. Disponível em: <https://g1.globo.com/economia/noticia/2018/08/02/apple-atinge-marca-de-us-1-trilhao-em-valor-de-mercado.ghtml>. Acesso em: 07 jan. 2019.

[31] MARQUES, Júlia. Um ano após MEC mudar regra, polos de ensino a distância aumentam 133%. **UOL Educação**, 28 maio 2018. Disponível em: <https://educacao.uol.com.br/noticias/agencia-estado/2018/05/28/um-ano-apos-mec-mudar-regra-polos-de-ensino-a-distancia-aumentam-133.htm>. Acesso em: 07 jan. 2019.

a diferentes decisões, influenciadas por questões pessoais, sociais, culturais. Somos o reflexo de tudo que está à nossa volta.

Quando se trata de pensar em contextos, temos que analisar nosso país, nossa cultura e nossa relação com o mundo. Também temos que refletir sobre o que esses contextos podem gerar em oportunidade e tendências a serem aproveitadas ou em ameaças e riscos que devem ser monitorados.

Não vamos tratar aqui sobre soluções para o sistema político e social do nosso país, mas das consequências desses sistemas, juntamente com o cenário internacional e sua relação com a nossa economia.

Estamos vivendo um contexto conhecido pela era da informação e do conhecimento. Mercados abertos, negócios sem fronteiras, competitividade a todo vapor. Mais do que nunca, o sucesso no passado não garante o sucesso no futuro.

São diversos os exemplos de empresas que eram líderes de seus segmentos e foram de protagonistas a coadjuvantes por não se adaptarem às necessidades de um mercado que não para de mudar.

A começar pela Kodak, registrada em 1888. Essa empresa se lançou no mercado com um filme de 100 poses e era o primeiro realmente fácil de usar. O primeiro modelo de câmera digital inventado foi dentro da própria empresa, que ganhou muito dinheiro com essa patente até 2007, quando o registro expirou. O processo de evolução da Kodak foi constante e duradouro, sua estratégia era controlar toda a cadeia de produtos envolvendo fotografia. Ela vendia as câmeras Kodak, os filmes Kodak e, depois, você ia à loja da Kodak para mandar revelar. E esses dois últimos rendiam muito mais, então o foco da empresa se voltava mais para os processos. Isso dava muito certo, mas apostar todas as fichas nessa tecnologia acabou sendo também o seu maior erro.

O mundo digital surgiu com novas necessidades, a Kodak não se adaptou e a falência não demorou a chegar. A empresa pediu concordata em janeiro de 2012, entrando no programa do governo dos Estados Unidos de proteção às empresas que precisam se recuperar financeiramente.

Hoje, a Kodak sobrevive no mercado de impressão, mas voltada ao mundo dos negócios e de embalagens. Além disso, a empresa também mantém contratos com estúdios de cinema para fornecer filmes.

Em 2000, a gigante e líder absoluta de mercado de videolocadoras Blockbuster (mais de 6.000 unidades no mundo) teve a oportunidade de comprar a até então *startup* Netflix. A Blockbuster desistiu da compra por não acreditar nesse novo modelo de negócio e o resultado você já deve imaginar: a Blockbuster declarou falência, anunciando em 2014 o fechamento das suas últimas 300 lojas nos EUA. A rede virou um *case* de como a falta de adequação às transformações digitais pode custar a existência até de uma potência líder de mercado.

Um caso emblemático de falta de foco em inovação é da famosa BlackBerry. Referência em confiabilidade e pioneira em *smartphones*, a BlackBerry ignorou as tecnologias que o iPhone estava trazendo, como o *touch screen*, e julgou que a empresa nunca seria capaz de se tornar o *standard* corporativo por não conseguir lidar com a segurança a nível de e-mail empresarial. Como consequência, não conseguiu segurar a gigante Apple, que redefiniu o mercado, fazendo com que a BlackBerry perdesse quase todo seu *market share*. A empresa faliu e atualmente tenta se redefinir lentamente, com aparelhos que usam o sistema operacional Android.

Outro exemplo dessa nova realidade está na classificação das empresas mais ricas do mundo pela revista Fortune. Em 2000, a GM era a maior empresa do mundo, mas sofreu com a crise de 2008 e em 2009 e foi salva graças a investimentos externos. A última classificação da Fortune tem uma estrutura bem diferente dos anos 2000, com empresas no setor de tecnologia como Apple, Amazon, Microsoft e Facebook ocupando posição de destaque. Em 2000, a Apple sequer aparecia no Top 100.

A revolução digital deixou o mundo praticamente irreconhecível se compararmos com o que era em 2000. Se as empresas não ajustam suas estratégias, elas são deixadas pra trás.

Adaptabilidade é a palavra de ordem para quem quer sobreviver. Pode-se fazer uma analogia perfeita desse processo de sobrevivência corporativo com o princípio da seleção natural proposto pelo britânico Charles Darwin durante a teoria da evolução das espécies: "não são as espécies mais fortes nem mais inteligentes que sobreviverão, e sim as que melhor se adaptarem às mudanças". Assim também acontece dentro do ambiente competitivo empresarial.

Jack Welch (ex-CEO da General Eletric), considerado um dos executivos mais brilhantes do século, tem uma emblemática frase na qual comenta sobre a importância de a empresa acompanhar as mudanças ao seu redor: "quando o ritmo da mudança dentro da empresa for ultrapassado pelo ritmo fora dela, o fim está próximo!". E assim aconteceu com várias.

Se isso não o conforta, então vamos para a parte boa: você é o único recurso capaz de fazer a diferença. As empresas já perceberam que os colaboradores são, de fato, seu maior diferencial competitivo. Pessoas são capazes de se adaptar, de pensar diferente, de atender a novas expectativas e melhorar processos. Pessoas motivadas constroem empresas de sucesso.

E mais uma coisa boa: essa necessidade será contínua! As empresas vão sempre precisar de gente que faz uso desse *mindset* de adaptação e melhoria. A mudança é constante e as máquinas não mudam sozinhas.

Portanto, se a única certeza que se pode ter é que a mudança acontecerá, só resta estar preparado e disposto a ser o melhor do mundo naquilo que se faz.

Novas tecnologias de informação e o ensino sem fronteiras

É fácil perceber como o avanço tecnológico revolucionou diferentes setores, principalmente o da comunicação. A facilidade com a qual as pessoas interagem é enorme, pois elas não precisam mais esperar por dias ou semanas para receber cartas de parentes e amigos ou mesmo ficar preocupadas com altas tarifas telefônicas, como aconteceu por muito tempo. Basta uma conexão à internet e pronto, você tem acesso a tudo e a todos.

As consequências disso são diversas e impactam em diferentes modelos de negócios, positiva ou negativamente. Vamos ao exemplo das próprias operadoras de telefonia, que tiveram que se reinventar com a chegada de novas ferramentas de comunicação pela internet. O que antes era indicador de consumo (minutos, mensagens SMS, localização) se tornou irrelevante (ou menos relevante) e hoje os pacotes de atendimento são mais direcionados para o consumo de dados de internet. A mudança foi grande, e mais uma vez as empresas tiveram que se adaptar.

Todo esse avanço da tecnologia e da comunicação trouxe facilidades para os mais diversos setores, inclusive a educação. Por muito tempo a educação viveu do método tradicional que perdurou por séculos e, ainda hoje, é muito utilizado, que é o ensino presencial através da sala de aula convencional, com o professor como sujeito detentor do conhecimento e os alunos como receptores de tal conhecimento. Mas o autor Litto reforça que esse sistema tradicional muitas vezes se torna restrito a uma pequena parte da população por questões variadas, que podem estar relacionadas a condições econômicas, geográficas, culturais, sociais, entre outras.

Os avanços tecnológicos trazem uma urgência em reformular o ensino, pois insistir em não inovar e utilizar metodologias ultrapassadas pode desestimular os alunos, além de não fazer sentido ter tantas ferramentas disponíveis para melhorar a qualidade e o interesse no ensino se não forem utilizadas.

Os autores Oliveira e Moura descrevem que o desenvolvimento de novas Tecnologias de Informação e Comunicação (TICs) contribuiu significativamente para várias mudanças, entre elas na educação. O aluno de hoje, com o avanço da tecnologia e principalmente com a internet, consegue ter um acesso muito maior a conteúdos que os alunos das gerações passadas, os quais faziam suas pesquisas basicamente nos livros da biblioteca.

As TICs revolucionaram o ensino, permitindo que professores inovassem na forma como transmitem informações, e, assim, as aulas passaram a ficar mais interessantes e dinâmicas, além de permitir que os alunos tenham acesso a profissionais considerados referência nos assuntos abordados. No entanto, há uma parcela de docentes que ainda não se adaptou às novas tecnologias, que possui dificuldades em utilizar as novas ferramentas e, muitas vezes, é resistente a aprender, principalmente aqueles com mais tempo de carreira. O autor Dantas demonstra, em sua pesquisa, a resistência dos professores às novas tecnologias e a necessidade de inserir treinamentos para que estes aprendam a operá-las:

> Para muitos educadores, esses recursos ainda se apresentam como companheiros estranhos, embora se reconheça que a sua utilização no processo está se tornando cada vez mais relevante. Assim, é necessária a presença desses recursos nos cursos de formação de professores e/ou como meio pedagógico para potencialização de competências e habilidades.

A inserção da tecnologia tem começado cada vez mais cedo. Nos dias atuais, vemos como as crianças desde cedo se adaptam às novas tecnologias e como elas possuem facilidade em utilizá-las. Dessa forma, os autores Oliveira e Moura mostraram o quanto é necessário explorar o uso das ferramentas tecnológicas no ensino, principalmente para as novas gerações que estão crescendo totalmente inseridas no meio tecnológico. Dentro da pesquisa deles, foram feitas algumas definições sobre o que caracteriza as TICs, dentre elas:

> Podem ser entendidas como um conjunto de recursos tecnológicos integrados entre si que proporcionam, por meio das funções de software e telecomunicações, a automação e comunicação dos processos de negócios, da pesquisa científica e de ensino e aprendizagem.

A partir da definição das TICs feita no parágrafo anterior, podemos entender que a internet é a principal ferramenta que temos, porque ela permite o acesso às demais tecnologias e é de fácil acesso para a maioria das pessoas. Dentro da área de educação, a internet foi de vital importância para o crescimento exponencial do ensino à distância.

Na educação, as TICs proporcionaram um ambiente que permite que os alunos absorvam a informação de maneiras variadas, valorizando a forma como cada aluno encontra para assimilar melhor os conteúdos. As videoaulas têm ganhado espaço dentre os discentes, pois permite que eles conheçam mais sobre diversos conteúdos, tudo isso dentro do seu tempo, como: pausando o vídeo para fazer anotações pertinentes ou mesmo voltando o vídeo para entender algo que anteriormente não ficou claro.

As TICs permitem que o aluno ultrapasse fronteiras, pois elas vão muito além do meio em que o indivíduo está inserido, permitindo que as pessoas conheçam, aprendam e estudem assuntos diversos com professores renomados, além de promover qualificação profissional sem sair de casa através do ensino à distância. Outro ponto considerável das TICs é que, em um mundo cada vez mais automatizado, quem conhece bem as ferramentas tecnológicas e sabe ser criativo ganha espaço no mercado de trabalho.

Quando pensamos no ensino à distância como uma metodologia mais democrática, também precisamos pensar que as TICs são as responsáveis por isso, pois é graças a elas que o estudante tem acesso a informação de forma rápida e em qualquer localidade. O autor Dantas discursa sobre esse assunto:

> A apropriação das mídias e Tecnologias de Informação e Comunicação (TICs) no cenário da EAD faz ressignificar o conceito de conhecimento. É através das ferramentas tecnológicas e a partir de mediações atuantes que as potencialidades se afloram, o tempo e espaço já não são mais problemas, proporcionando uma educação sem distância, sem tempo, levando o sistema educacional a assumir um papel não só de formação de cidadãos pertencentes àquele espaço, mas a um espaço de formação inclusiva em uma sociedade de diferenças.

As TICs trazem aos alunos uma maior independência, compromisso, criatividade, socialização, além de novas competências. Em vista disso, vemos que tais ferramentas têm muito a agregar nas diversas áreas profissionais, ressaltando a área de educação.

Dessa forma, o avanço tecnológico e da comunicação foi abrindo espaço para o ensino à distância, popularmente conhecido pela sua sigla EAD. Esse ensino, de acordo com os autores Carvalho, Martins e From, não necessita de um contato físico entre professor e alunos, ele acontece a partir de plataformas *on-line* de forma interativa, dinâmica e democrática, pois possibilita que um número maior de pessoas tenha acesso a esse tipo de ensino por várias razões, como: menores custos, já que não demanda uma estrutura física por ser flexível, permitindo que uma pessoa possa fazer um curso à distância de qualquer localidade e em horários diversos de acordo com a sua necessidade. Além disso, o EAD proporciona uma independência do indivíduo no contexto social e instiga o desenvolvimento do conhecimento individual e coletivo a partir da utilização das ferramentas digitais no processo de aprendizagem.

O pesquisador Pereira reafirma a importância do envolvimento do aluno ao dizer que este é "o principal ator de seu aprendizado, desenvolvendo a autonomia e a responsabilidade necessária neste processo, com uma nova forma de agir, pensar e aprender a ser".

A educação à distância tem seus primórdios no fim do século XIX com a criação do primeiro curso de línguas por correspondência, na Alemanha. O termo educação à distância pode ser definido como o processo educativo sistematizado e organizado, que apresenta uma dupla via de comunicação, um processo contínuo e a utilização de meios de comunicação como parte da estratégia de ensino.

No Brasil, o ensino à distância tem uma história recente. O processo da inclusão do ensino a distância iniciou, em 1996, com a Lei de Diretrizes e Bases da Educação (LDB). No entanto, somente no ano 2000 a modalidade começou a ser mais conhecida. A introdução dos cursos à distância ocorreu primeiramente pelas instituições públicas. As instituições privadas começaram a aderir o curso à distância a partir de 2002, de acordo com os autores Machado, Czarnesk e Domingues.

Dessa forma, o ensino à distância, que chegou "tímido" ao mercado, sofrendo com certos preconceitos da parte mais conservadora da sociedade, ganhou espaço, credibilidade e foi inovando e se adaptando às novas necessidades do mercado. O crescimento exponencial dessa modalidade de ensino é nítido, principalmente por cada vez mais oferecer um grande leque de opções e de alta qualidade.

Assim, o ensino à distância se tornou fundamental e é uma alternativa que veio para ficar tanto no Brasil como em outros países, pois consegue atender cada vez mais a um número maior de pessoas. Os pré-requisitos necessários são o acesso à internet, habilidades dos alunos em utilizar ferramentas tecnológicas, bem como ser disciplinados para dar conta de todo o conteúdo, principalmente por não ter a rigidez de horários a serem seguidos.

Os autores citados anteriormente, Machado, Czarnesk, Domingues e Mendonça, convergem em outro fator que colabora para o crescimento do ensino à distância no Brasil: a busca por especialização, ou seja, profissionais já graduados veem o EAD como uma ótima oportunidade para se atualizarem.

Toda sociedade tem a educação como base para o desenvolvimento, a melhoria social, política e econômica, e por isso é tão importante para um país investir em educação e levá-la a um maior número de pessoas. Dessa forma, a educação à distância ajuda o conhecimento a chegar mais longe, até mesmo em lugares de difícil acesso e "esquecidos".

Como empresário, pude perceber que as novas tecnologias influenciaram diretamente na minha forma de gerir estratégias, pessoas e processos. À medida que a evolução tecnológica ganhou intensidade, percebi uma mudança no comportamento do consumidor, que passou a ser mais receptivo e enxergar no ensino à distância vantagens, possibilidades e facilidades.

O EAD já deixou de ser uma promessa de futuro e, impulsionado pelo advento das novas tecnologias de informação e comunicação, se transformou em um poderoso recurso para consolidar e incentivar o que as pessoas e empresas detêm como seu maior ativo e diferencial competitivo: o conhecimento.

Fatores de influência na escolha pelo ensino a distância

Neste tópico, vamos tratar sobre os fatores que podem influenciar no comportamento do consumidor para que o ensino à distância seja visto como uma boa opção frente às alternativas oferecidas pelo mercado e os desafios da busca pelo conhecimento.

Podemos começar afirmando, com base em uma pesquisa realizada pelo autor Schinaider, que os cursos *on-line* têm ganhado força, principalmente pela flexibilidade que oferecem e a grande variedade de modalidades. A indicação dos cursos por amigos e conhecidos é um fator relevante na hora de buscar um curso *on-line* e tem um peso maior para a instituição. A avaliação do material didático fornecido pelo curso é usada pelos consumidores como um indicador sobre a produtividade e satisfação em relação ao curso adquirido.

Além da democratização do ensino, os autores Mendonça, Martins e From descrevem que há uma facilidade quanto ao acesso aos conteúdos, já que todo o material é disponível ao aluno, seja através de videoaulas, *slides*, apostilas e outros formatos facilmente acessados pela internet.

O estudo de Pereira sobre o perfil do aluno que busca o curso EAD determina que o aluno é aquele indivíduo mais maduro e traz consigo uma certa experiência social e profissional. A idade varia de 25 a 45 anos e geralmente são pessoas independentes que buscam se especializar por questões pessoais e também pelo bem-estar da sociedade. Nesse mesmo estudo, foi identificado que o número de estudantes que buscam fazer uma graduação à distância cresceu significativamente. Além desses fatores, podemos destacar a facilidade em tirar dúvidas e pontuar melhorias através dos vários meios de comunicação que permitem uma aproximação, mesmo que virtual, entre o tutor (professor) e os alunos. Carvalho reforça que conferências de vídeo permitem interação até mesmo entre os alunos, que podem trocar experiências e informações.

Com reforço das palavras de Mendonça, o autor Carvalho completa que o ensino à distância tem um custo menor do que aqueles que são oferecidos presencialmente, já que a instituição de ensino possui custos menores, por não ter gastos com aluguel, luz, água, serviços de limpeza, entre outros. Dessa forma, a diminuição de custos reflete no valor final dos cursos ofertados, resultando assim em preços mais acessíveis.

As facilidades mencionadas fazem do EAD uma modalidade com crescentes vantagens.

O principal objetivo do surgimento do ensino à distância foi suprir carências do ensino tradicional. Originalmente, as principais razões são de ordem social, profissional ou até mesmo cultural. Fatores como flexibilidade, mobilidade e acessibilidade já eram diferenciais desde a sua origem. Em uma perspectiva atual, o ensino à distância se apresenta como uma alternativa e não um complemento ao método de ensino tradicional.

A educação profissional está em plena evidência. Segundo o autor Dupas, o novo modelo global de produção exige requisitos superiores de desempenho, levando à exclusão de trabalhadores que possuem baixa qualificação profissional.

Litto também fala sobre o papel das tecnologias no desenvolvimento do ensino à distância e como ferramenta importante na percepção do aluno: "a EaD também pode colaborar com o desenvolvimento das chamadas competências digitais, essenciais para promover a capacidade de utilizar as TICs de maneira crítica, criativa, autônoma e sem se enredar nas mentiras ou cair na manipulação".

Em uma pesquisa de Prochnow, são discutidos os motivos que levam um indivíduo a escolher entre um curso presencial e o ensino à distância, de acordo com os fatores que o influenciam. Assim, pode-se ver, por exemplo, que o tempo disponível para a realização de cursos, assim como os custos, entre vários outros fatores, interferem na escolha do consumidor. No caso do ensino à distância, os principais fatores que levam o consumidor a optar por essa modalidade é a flexibilidade, que permite que o curso seja feito de acordo com a disponibilidade de horários do consumidor, além de custos menores, por não precisar de um espaço físico.

A figura a seguir mostra os fatores de sucesso dos cursos à distância que contribuem fortemente na escolha dos alunos por essa modalidade de ensino:

Cursos à distância – Fatores de Sucesso

Cursos à distância – Fatores de sucesso.

Durante meu mestrado, pude conduzir uma pesquisa sobre fatores de escolha no comportamento do consumidor de cursos de extensão na modalidade EAD no Brasil. Procurei me aprofundar em conteúdos de grandes autores que traziam características que influenciavam direta ou indiretamente na decisão de consumir cursos *on-line*.

A grande referência foi Philip Kotler, que define que o comportamento de compra do consumidor é influenciado por fatores culturais, sociais, pessoais e psicológicos.

Fatores culturais

Entre as mudanças trazidas pela internet, estão os novos hábitos de consumo cultural. A pesquisa de 2017 do SPC BRASIL demonstra exemplos claros dessa mudança, como: o consumidor, em vez de ir ao cinema, busca filmes e séries que podem ser vistos *on-line*; em vez de fazer ligações para parentes e amigos, usa os aplicativos de comunicação; também deixa de comprar CDs e DVDs e opta por baixar músicas *on-line* e deixa de realizar compras de produtos novos e usados em lojas físicas para realizar em sites especializados para esses tipos de venda.

Apesar do preconceito inicial relacionado ao EAD, vemos que ele vem ganhando cada vez mais espaço, e isso se deve às mudanças culturais que estão ocorrendo e ao fato de as pessoas observarem os resultados positivos que tal modalidade vem oferecendo. Os alunos também se tornaram mais exigentes. Em sua pesquisa, o autor Schinaider reforça que, apesar de os alunos buscarem os cursos *on-line* pela praticidade e flexibilidade, preocupam-se em fazer cursos de qualidade, em instituições que já possuem um nome no mercado, que contam com bons materiais (sempre atualizados) e com profissionais de excelência.

Fatores sociais

Ao abordar os aspectos sociais que influenciam na tomada de decisão do consumidor, o autor Cricca reforça os fatores relacionados ao grupo de influência primário, que consiste em se espelhar em pessoas próximas, como familiares e amigos, e os secundários, que são pessoas com as quais não se tem tanto contato, mas certa admiração, como celebridades, uma referência profissional ou uma referência religiosa. Além disso, existe o status relacionado a determinadas marcas ou produtos, que influencia a forma como a sociedade se comporta diante do que foi adquirido.

Quando queremos analisar o comportamento de um estudante com o intuito de torná-lo um consumidor de EAD, devemos pensar em uma pequena classificação desse público. Há aqueles mais iniciais, geralmente com a idade variando de 18 a 24 anos, que nunca trabalharam e se dedicam exclusivamente aos estudos. Também há aqueles que são os primeiros do seu núcleo familiar a ter um nível maior de escolaridade e dessa forma se preocupam mais em ser uma referência aos familiares, e, por fim, há os estudantes que também trabalham e já constituíram família. Assim, pode-se ver que cada um desses tipos de estudante pode agir de maneiras diferentes de acordo com suas restrições, como: tempo, dinheiro, flexibilidade e praticidade.

Fatores pessoais

Dentre os fatores que influenciam o comportamento de compra do consumidor, estão os pessoais, que levam um consumidor a ter preferência por uma coisa em vez de outra. Esse comportamento está relacionado à personalidade do indivíduo, que, de acordo com os autores Blackwell, Miniard e Engel, "é definida como as respostas pessoais consistentes aos estímulos ambientais". Assim, vemos que cada pessoa reage de uma maneira diferente diante de um incentivo e, por isso, uma campanha de marketing, mesmo que voltada para um mesmo grupo social, pode ser sentida de diferentes maneiras, devido a características singulares de cada um.

As questões pessoais na decisão da compra englobam também questões culturais, sociais e psicológicas. Cada pessoa reage de maneira diferente diante um estímulo para adquirir um produto/serviço. A classe social, a idade, a escolaridade, o cargo que ocupa e o padrão de vida estão relacionados ao modo como as pessoas decidem consumir. Claro que questões bem pessoais também influenciam, como personalidade, autoimagem, atividades que realiza, gostos e interesses.

Segundo o autor Schinaider, quando um aluno busca uma instituição para iniciar um curso, especialmente um curso superior, primeiro analisa sua necessidade e busca uma instituição de qualidade, cujos custos caibam no orçamento. Os aspectos sociais, econômicos, pessoais, culturais e psicológicos estão totalmente envolvidos tanto na escolha de onde estudar como no curso a ser estudado. O desejo inicial ao buscar um curso profissionalizante é se manter atualizado para competir melhor no mercado de trabalho e, assim, alcançar uma estabilidade profissional.

Fatores psicológicos

A forma como um indivíduo processa, interpreta e age diante da realização de uma compra está extremamente relacionada às condições psicológicas. Os fatores psicológicos que influenciam no comportamento do consumidor, por sua vez, estão ligados aos pessoais e à forma como o indivíduo recebe estímulos do ambiente. Merlo e Ceribeli definem que cada pessoa reage de maneira diferente e isso ocorre devido à forma como os estímulos externos são interpretados por cada um.

No caso da escolha da modalidade EAD, o estudo realizado por Cricca constatou que as pessoas acreditam que são influenciadas por seus familiares na escolha de um curso e se importam com a imagem que possuem diante da família. A escolha do curso está associada a questões sociais, buscando aqueles que proporcionam uma melhor condição social. Na parte pessoal, a escolha do curso está relacionada à concretização de sonhos e à busca de uma melhor condição de vida. A ideia de que um curso superior tecnológico gera uma preparação melhor para o mercado de trabalho e, consequentemente, auxilia a atingir objetivos em busca de estabilidade profissional, que está ligado à estabilidade financeira, influencia mais na decisão do consumidor que os estímulos de propagandas e outras ferramentas para atrair pessoas. Isso é um exemplo relacionado a questões psicológicas que podem influenciar no processo de escolha.

Perspectivas do EAD como oportunidade de mercado

Forma de ensino versátil, de alto crescimento no Brasil e no mundo, o EAD sem dúvida representa a evolução dentro das formas de transmitir e captar conhecimento. Sendo uma ferramenta com resultados cada vez melhores e comprovados, pode ser considerada uma excelente forma de negócio. Pesquisa com autoria de Inglesia, sobre o aumento do EAD, mostra que:

> a modalidade teve alta de 21,4% nas novas matrículas, passando de 694,5 mil em 2015 para 843,1 mil em 2016. A porcentagem do total de universitários estudando hoje por meio do EAD no Brasil é de 28,2% – em 2006, era 10,8%.

Apesar do crescimento significativo na busca pelo EAD, não se observa um crescimento proporcional nas ofertas por essa forma de ensino. Por isso, esse pode ser um ótimo negócio aliado aos baixos custos para investir em cursos à distância, principalmente quando comparado a outros negócios. O fato de essa modalidade ser bem completa contribui para o elevado número de adeptos a ela. Além disso, há uma grande variedade de áreas e oportunidades que ainda podem ser exploradas, aumentando as vantagens de investir em educação à distância.

Dessa forma, podemos ver o quão vantajoso é investir nesse tipo de negócio. O autor Mendonça sustenta essa afirmação em sua pesquisa: "posso afirmar com toda certeza que, hoje, iniciar um empreendimento de cursos *on-line* é uma das grandes oportunidades de negócio existentes".

O mercado EAD cresce mesmo com a crise. Em uma pesquisa realizada em 2017, o autor Trevizan afirma que a crise econômica que se instalou no Brasil em 2014 e teve seu ápice em 2016, somada à crise política que o país enfrentou junto ao impeachment da ex-presidente Dilma Rousseff e se prolongou até 2017, culminou em uma recessão econômica que apresenta reflexos até os dias atuais. A educação privada, segundo Cunha, foi um dos setores da economia brasileira que sentiu os efeitos perversos da crise e teve um declínio significativo nos seus negócios. No entanto, a queda da educação privada veio junto com uma surpresa, pois tal queda se restringiu apenas ao ensino privado presencial, enquanto o ensino privado à distância teve um crescimento.

Podemos ver o crescimento do ensino à distância em relação ao ensino presencial privado nos gráficos a seguir:

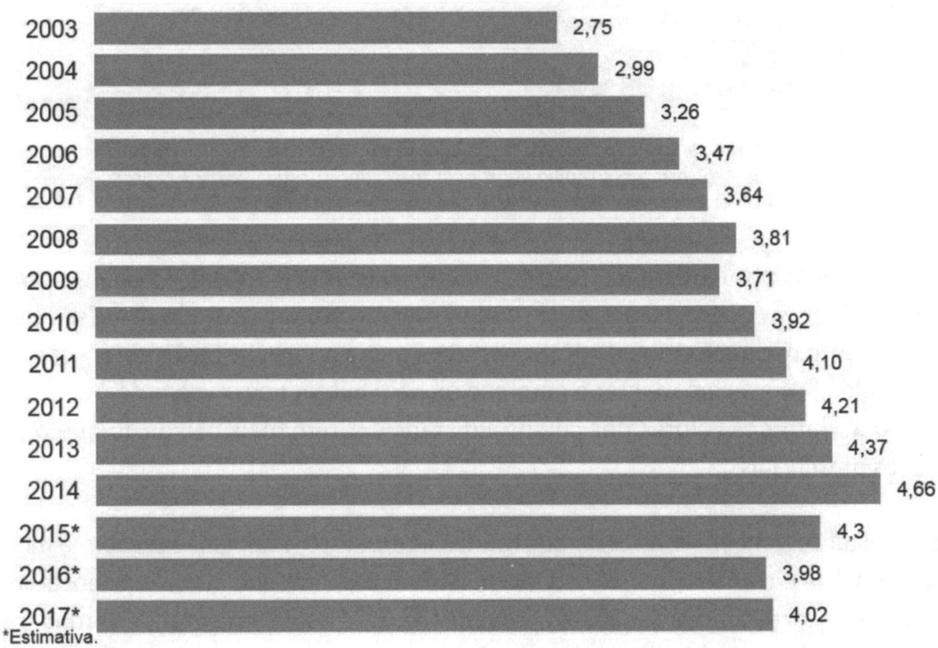

Matrícula do ensino presencial privado, em milhões. Fonte: adaptado de Folha de São Paulo. Disponível em: <https://www1.folha.uol.com.br/mercado/2016/06/1781529-educacao-a-distancia-cresce-apesar-da-crise-veja-graficos.shtml>. Acesso em: 01 fev. 2019.

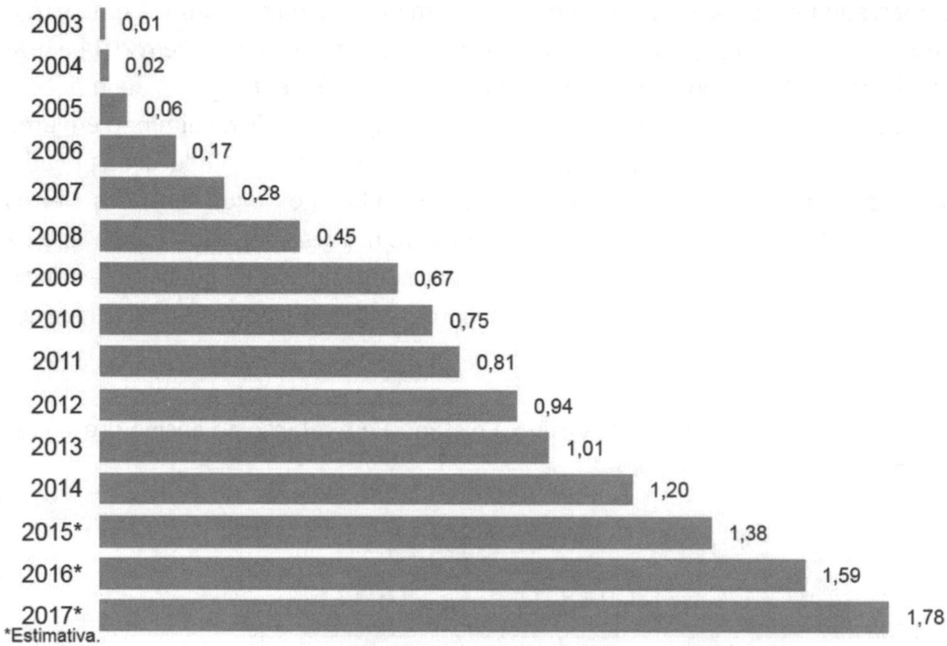

Matrícula do ensino à distância privado, em milhões. Fonte: adaptado de Folha de São Paulo. Disponível em: <https://www1.folha.uol.com.br/mercado/2016/06/1781529-educacao-a-distancia-cresce-apesar-da-crise-veja-graficos.shtml>. Acesso em: 01 fev. 2019.

Esses gráficos nos ajudam a reforçar o quanto o ensino à distância pode ser uma boa opção para quem deseja empreender, mesmo em um período de crise. Esse crescimento pode ser atribuído ao aumento na busca por capacitação em função da instabilidade (seja para manter o emprego ou para buscar novas vagas de trabalho), aliado ao fato dos valores dos cursos à distância serem mais baixos do que o de cursos presenciais.

É importante também considerar que muitas fantasias têm sido criadas sobre o mercado *on-line* e o ensino à distância. Ao mesmo tempo em que autores os encaram como uma forte tendência para os próximos anos, e isso é uma grande verdade, é importante fazer uso do discernimento, bom senso e gerenciamento de riscos para aumentar as chances de sucesso. Trata-se de um negócio como qualquer outro, onde existem dificuldades obscuras e facilidades que normalmente não são apresentadas. O mercado EAD é extremamente competitivo e volátil, que requer adaptações constantes às suas mudanças e exige alta velocidade de execução para fazer tudo que tem que ser feito, retroalimentando o sistema em cima do *feedback* do cliente e buscando constantemente por novas tecnologias, funcionalidades e informações.

Então, se você ficou interessado em entrar nesse mercado, a recomendação que deixo é: entenda claramente seus clientes, defina proposta de valor e construa seu diferencial competitivo no mercado. A partir daí estabeleça suas metas, trace as estratégias de marketing e um plano de monitoramento constante do resultado das ações que forem executadas. Por fim, acompanhe de perto todos os seus clientes, conheça suas necessidades e trabalhe de forma a gerar valor contínuo, estabelecendo uma relação duradoura e sustentável.

Tudo está relacionado a seriedade, persistência e melhoria contínua. Não existem atalhos.

Referências

BLACKWELL, Roger D.; MINIARD, Paul W.; ENGEL, James F. **Comportamento do consumidor.** São Paulo: Pioneira Thomson Learning, 2005.

CARVALHO, Vilson Sérgio de. **O papel da educação a distância na extensão universitária.** AVM Faculdade Integrada, Rio de Janeiro, abr. 2015. Disponível em: <http://www.abed.org.br/congresso2015/anais/pdf/BD_333.pdf>. Acesso em: 07 jan. 2019.

CRICCA, Sergio; DIAS, Roberto Wagner; MORAIS, Diogo Martins Gonçalves de Morais; MINCIOTTI, Silvio Augusto. A escolha de um curso superior de tecnologia da área de gestão e negócios: um estudo sobre a decisão de compra e o comportamento do consumidor. **Gestão & Regionalidade**, v. 30, n. 89, p. 116-127, 2014. Disponível em: <http://www.spell.org.br/documentos/ver/32549/a-escolha-de-um-curso-superior-de-tecnologia-da-area-de-gestao-e-negocios--um-estudo-sobre-a-decisao-de-compra-e-o-comportamento-do-consumidor/i/pt-br>. Acesso em: 01 fev. 2019.

CUNHA, Joana. Educação a distância cresce apesar da crise; veja gráficos. **Folha de São Paulo**, 14 jun. 2016. Disponível em: <https://www1.folha.uol.com.br/mercado/2016/06/1781529-educacao-a-distancia-cresce-apesar-da-crise-veja-graficos.shtml>. Acesso em: 07 jan. 2019.

DANTAS, Tiago. As Tic's no contexto da ead: limites e possibilidades. **Brasil Escola.** Disponível em: <https://brasilescola.uol.com.br/educacao/as-tics-no-contexto-ead-limites-possibilidades.htm>. Acesso em: 07 jan. 2019.

DUPAS, Gilberto. **Economia Global e Exclusão Social:** pobreza, desemprego, estado e o futuro do capitalismo. 2. ed. Rio de Janeiro: Paz & Terra, 1999.

FEY, Ademar Felipe. Dificuldades na transposição do ensino presencial para o ensino on-lne. **IX ANPED SUL – Seminário de Pesquisa em Educação da Região Sul**, 2012. Disponível em: <http://www.ucs.br/etc/conferencias/index.php/anpedsul/9anpedsul/paper/viewFile/370/883>. Acesso em: 07 jan. 2019.

INGLESIAS, C. Mais barato, EAD é alternativa para quem busca diploma universitário. **A Tribuna**, 07 de setembro de 2017. Disponível em: <https://www.fundacred.org.br/site/2017/09/11/mais-barato-ead-e-alternativa-para-quem-busca-diploma-universitario/>. Acesso em: 01 fev. 2019.

KLEINA, Nilton. A história da Kodak, a pioneira da fotografia que parou no tempo [vídeo]. **Tecmundo**, 10 out. 2017. Disponível em: <https://www.tecmundo.com.br/mercado/122279-historia-kodak-pioneira-da-fotografia-nao-evoluiu-video.htm>. Acesso em: 07 jan. 2019.

LANDIM, Claudia Maria das Mercês Paes Ferreira. **Educação à distância:** algumas considerações. Rio de Janeiro: s.n., 1997.

LITTO, Fredric. Educação Aberta e Flexível, um caminho sem volta. **Estadão**, 12 dez. 2017. Disponível em: <http://educacao.estadao.com.br/blogs/rolando-na-rede/educacao-aberta-e-flexivel-um-caminho-sem-volta/>. Acesso em: 07 jan. 2019.

MACHADO, Débora Gomes; CZARNESK, Flávia Regina; DOMINGUES, Maria José Carvalho de Souza. Perfil das metodologias de ensino presencial e a distância na graduação em administração. **Estudo & Debate**, Lajeado, v. 22, n. 2, p. 105-122, 2015.

MARTINS, Karine; FROM, Danieli Aparecida. **A importância da educação a distância na sociedade atual.** Disponível em: <http://www.assessoritec.com.br/wp-content/uploads/sites/641/2016/12/Artigo-Karine.pdf>. Acesso em: 07 jan. 2019.

MENDONÇA, Bruno. **Educação a distância e sua importância para o futuro da educação.** Disponível em: <https://www.edools.com/educacao-a-distancia/>. Acesso em: 07 jan. 2019.

OLIVEIRA, Cláudio de; MOURA, Samuel Pedrosa. **TIC's na educação:** a utilização das tecnologias da informação e comunicação na aprendizagem do aluno. 2015. Disponível em: <http://periodicos.pucminas.br/index.php/pedagogiacao/article/viewFile/11019/8864>. Aceso em: 07 jan. 2019.

PEREIRA, Geiza Basualdo Bogado. **O estudante da EAD (Ensino a Distância):** um estudo de perfil e interação geracional. Dissertação (Mestrado de Administração), Faculdade de Administração e Economia da Universidade Metodista de São Paulo, São Bernardo do Campo, 2015. Disponível em: <http://tede.metodista.br/jspui/bitstream/tede/1470/2/GeizaBogado.pdf>. Acesso em: 07 jan. 2019

PROCHNOW, Patrícia. **Ações de Ensino, Pesquisa e Extensão em EAD: uma experiência realizada no IFRS – Campus Osório.** 2016. 105 p. Dissertação (Mestrado em Educação) – Faculdade de Educação, Centro Universitário La Salle – UNILASALLE, Canoas – RS, 2016. Disponível em: <http://repositorio.unilasalle.edu.br/bitstream/11690/683/1/PROCHNOW.pdf>. Acesso em: 01 fev. 2019.

SCHINAIDER, Alessandra Daiana; FAGUNDES, Paloma de Mattos; SCHINAIDER, Anelise Daniela. Comportamento do Consumidor Educacional: seu perfil e o processo de decisão de compra. **Future Studies Research Journal: Trends and Strategies**, v. 8, n. 2, p. 149-170, 2016. Disponível em: <http://www.spell.org.br/documentos/ver/42339/comportamento-do-consumidor-educacional--seu-perfil-e-o-processo-de-decisao-de-compra/i/pt-br>. Acesso em: 01 fev. 2019.

SPC BRASIL. **Consumo Online no Brasil**. Jun. 2017. Disponível em: <https://www.spcbrasil.org.br/wpimprensa/wp-content/uploads/2017/06/SPC-Analise-Consumo-Online-no-Brasil.pdf>. Acesso em: 01 fev. 2019.

TREVIZAN, Karina. Brasil enfrenta pior crise já registrada poucos anos após um boom econômico. **G1**, 07 mar. 2017. Disponível em: <https://g1.globo.com/economia/noticia/brasil-enfrenta-pior-crise-ja-registrada-poucos-anos-apos-um-boom-economico.ghtml>. Acesso em: 07 jan. 2019.

9. Da Transformação Digital até a Inteligência Artificial

Ricardo Cancela

Mundo conectado

Começo este capítulo afirmando que a época do isolamento acabou. Parece loucura? Não!

O mundo hoje está conectado, e o que acontece lá fora tem impacto direto em nossas vidas. Resolver problemas simples ou complexos em qualquer lugar virou na realidade "resolvemos problemas em todos os lugares".

Estamos numa simbiose crescente e evoluindo cada vez mais rápido em pouquíssimo tempo, como se dobrássemos a distância de cada passo dado a cada passo, rumo a um desenvolvimento nunca visto pela humanidade.

Porém, essa aceleração é muito recente comparada aos quase 2,5 milhões de anos datados da nossa história neste planeta.

Veja que por volta de 70 mil anos atrás algo realmente mudou e começamos a alterar nossa trajetória através da Revolução Cognitiva, que nos permitiu comunicarmos uns com os outros e assim desbravarmos o mundo afora.

Essa trajetória não parou mais e ingressamos na Revolução Agrícola por volta de 12 mil anos atrás; Revolução Científica por volta de 500 anos atrás, e por volta de 200 anos atrás entramos na primeira onda da Revolução Industrial.

A partir desse ponto evoluímos com equipamentos de produção mecânicos impulsionados por água e energia a vapor a partir de 1784, para depois entrarmos na produção em massa através da energia elétrica e petróleo por volta de 1870!

Rapidamente saltamos para uma produção baseada na utilização da eletrônica e informática a partir de 1969, e agora estamos em plena revolução cibernética com tudo conectado – revolução industrial 4.0.

Nesta jornada apareceram grandes nomes, que em minha visão ajudaram a escrever algumas das páginas mais importantes do nosso presente.

Começo mencionando Andreas Vesalius, que elaborou o primeiro livro de anatomia com desenhos hiper-realistas. Antony Leeuwenhoek descobriu as bactérias, William Harvey criou a obra fundamental sobre a circulação sanguínea, Edward Jenner descobriu o princípio da vacina e Crawford Long descobriu a anestesia.

Somados a esses célebres nomes destaco também Wilhelm Röntgen, que criou o raio-X, Ross Harrison, que identificou o perigo do consumo de gorduras que geram o colesterol ruim, Benjamin Franklin, que descobriu a eletricidade, Santos Dumont, que criou o avião, e Nikolas Tesla, que criou o motor elétrico de corrente alternada, invento que fez a revolução elétrica no mundo.

E, é claro, não poderia deixar de mencionar Alexander Graham Bell, que inventou o telefone, Thomas Alva Edison, que inventou a lâmpada elétrica incandescente, Alexander Fleming, que descobriu a fórmula da penicilina, o primeiro antibiótico do mundo, e, por fim, Maurice Wilkins, que foi o primeiro a isolar uma molécula de DNA e fotografá-la com raios-X, revelando a forma helicoidal.

Veja que poderia citar milhares de nomes, preenchendo páginas e mais páginas, mas minha intenção aqui é demonstrar aos leitores que, desde a Revolução Cognitiva até o presente, estamos evoluindo cada vez mais rápido.

Essa evolução não parou, e saímos lançando mais de dois mil satélites pelo espaço desde 1914, chegando inclusive à Lua.

Se analisarmos com profundidade, há 100 anos seria impensável imaginar que poderíamos hoje em dia levar milhões de pessoas todas as horas em aviões para todos os cantos do planeta, que transmitiríamos imagens em movimento para os lares em todo o mundo a partir de satélites no céu, que as mulheres assumiriam os cargos mais altos, e inclusive podendo usar pílulas para o controle da reprodução, e que os antibióticos aboliriam as doenças, que os microscópios seriam capazes de ver átomos individuais e que as pessoas transportariam objetos pequenos e leves, e que através deles seria possível falar com qualquer parte do mundo sem necessidade de fios!

Não é magnífico? Claro que é! Então vamos seguir analisando os últimos 40 mil anos com outro enfoque, demonstrando a tese da evolução exponencial que estou defendendo neste capítulo.

Um mundo de conhecimento

Desde que o homem desceu da árvore ou saiu das cavernas, passando por todas as ondas da história, até a criação da internet, produzimos o equivalente a 12 bilhões de *gigabytes*.

O que produzimos neste período é o mesmo que 54 trilhões de livros, em média com 200 páginas cada. Incrível!

Para se ter ideia, apenas em 2002 geramos o mesmo que esses 40 mil anos, e em 2007, pasme, subimos para 100 bilhões de *gigabytes* e agora são trilhões.

Essa aceleração está tão acentuada que em 2000 6,5% da população mundial estava conectada à internet, algo em torno de 400 milhões de pessoas.

Em 2015, esse índice subiu para 43%, chegando a 3,2 bilhões, e em apenas oito anos chegaremos a algo em torno de 3 bilhões de novos indivíduos se conectando à internet.

Produzimos cerca de 2,2 milhões de *terabytes* de novos dados todos os dias no mundo e até 2020 provavelmente chegaremos a 40 trilhões de *gigabytes* de dados produzidos na internet, cerca de 1,7 *megabyte* de novas informações por segundo para cada habitante do planeta Terra.

Até 2019 estima-se que os investimentos cheguem a US$ 102 bilhões em *big data* e até o ano de 2020 espera-se que processos de análise preditiva e prescritiva atrairão cerca de 40% do novo investimento líquido das empresas para o universo de *big data analytics* e inteligência artificial.

Já imaginou as possibilidades, conquistas e descobertas com bilhões de seres humanos interagindo, trocando ideias e experiências e os bilhões em investimentos sendo realizados pela indústria em pesquisa e desenvolvimento?

O fator predeterminante para o sucesso de nos tornarmos de fato preditivos será a inteligência artificial, que em minha opinião fará toda a diferença na análise de tantos dados produzidos por dia.

Uma certeza é que, nos próximos 20 anos, o mundo mudará mais do que nos últimos 200 anos.

Até 2030, o mercado de trabalho estará baseado em tecnologias de economia colaborativa, e entre 2030 e 2040, a geração milênio, que já nasceu na era tecnológica, será a primeira geração da terceira idade *high-tech*.

Até 2040, 50% dos empregos no Japão serão ocupados por robôs e sistemas de inteligência artificial, e até 2045 um grande percentual da população já terá experimentado o mundo da realidade virtual.

E a partir de 2050 provavelmente chegaremos a 10 bilhões de habitantes no planeta e nos comunicaremos através de uma nova interface chamada *brain computer interface*.

E provavelmente neste mesmo ano, com apenas mil dólares, seremos capazes de comprar um poder computacional equivalente a todos os cérebros humanos juntos, graças à computação quântica que está sendo desenvolvida no presente por vários *players* de tecnologia.

Realmente estamos vivendo um momento único para a humanidade, onde o que era importante perdeu importância, e o que não era pensado agora é vivido no cotidiano das pessoas.

Essas mudanças são tão latentes que estamos presenciando a expansão e descentralização do conhecimento, da economia, da maneira como nos relacionamos, como fazemos negócios, inclusive em nosso estilo de vida.

Um mundo acelerado, fugaz

Por outro lado, estamos vivendo o individualismo, a fluidez e a efemeridade nas relações. Vivemos em uma sociedade efêmera, onde tudo tem caráter transitório, fugaz, passageiro ou mesmo de curta duração.

Tudo precisa de rapidez, tudo é instantâneo e não temos mais tempo e paciência para nada que não ocorra em poucos minutos. Qualquer coisa que ultrapasse esses poucos minutos é considerada lenta.

Essas mudanças de comportamento dos seres humanos acabaram abrindo espaço para que ingressemos na economia compartilhada, onde novas marcas colocaram o acesso acima da posse, onde não precisamos mais comprar um bem para usufruir dele.

Poderíamos imaginar um time de futebol que não possui jogadores e treinador vender todos os seus ingressos para a temporada inteira? Poderíamos imaginar uma universidade sem professores? Lojas totalmente operadas por robôs? Assistirmos filmes em qualquer local e horário? Que a maior empresa virtual de varejo não possuiria produtos em seu estoque? Que a maior empresa de mídia do mundo não produziria nenhum conteúdo? E o maior hotel do mundo não seria dono de nenhum quarto? E que a maior empresa de transportes de passageiros não teria sequer um automóvel?

Pois bem, estou falando de empresas como San Francisco Deltas, 42 University, Beam Store, Alibaba, Netflix, Facebook, Airbnb e Uber. Estas são apenas algumas empresas, de um celeiro gigantesco de novas empresas, que estão reescrevendo a história e mudando a forma como vivemos!

Ainda assim, se olharmos bem de perto, mesmo estando vivendo uma "economia compartilhada", que em minha opinião está um passo à frente dos modelos anteriores e se parece mais como um paliativo, pois não reduz nossa necessidade de "consumo" e, sim, a posse.

No entanto, lentamente estamos observando uma mudança de consciência global, percebida através do cansaço geral da população, que está repensando seus hábitos e buscando alternativas mais sustentáveis para satisfazer suas necessidades.

Para sustentar essas afirmações de mudança de consciência, podemos ver uma crescente troca dos automóveis por bicicletas em grandes centros urbanos, pessoas trocando e doando roupas, pessoas que dividem caronas, quartos, casas, etc., levando em conta novos tipos de economia.

Podemos observar ainda que a sustentabilidade está cada vez mais colaborativa e coletiva e está mudando os nossos velhos conceitos, inclusive ideias inovadoras estão deixando de usar dinheiro – agora podemos fazer trocas em vez de pagar financeiramente por um serviço, estadia, etc.

Com base em todas as ponderações anteriores, trago acontecimentos reais na sequência para demonstrar e dar base às afirmações que venho fazendo ao leitor: essas mudanças já estão acontecendo de forma silenciosa e afetarão a todos como um tsunami, tanto nossas vidas pessoais, profissionais, familiares, nas relações interpessoais como empresariais.

Acredito sempre que, quando estamos cientes das mudanças, sempre poderemos nos antecipar e nos preparar, dentro das nossas possibilidades, para novos desafios e assim nos manter sempre em atividade, seja em uma empresa como funcionário ou mesmo liderando uma como empresário, ou mesmo para direcionarmos nossas ações para estudos de novas áreas e campos, inclusive orientando nossos filhos.

Seguem assim vários acontecimentos desde 2012 para uma análise conjunta dentro do objetivo de criarmos um novo *mindset* para uma nova realidade que está chegando.

Uma era em 5 anos – a era da inteligência artificial

Em 2012, a plataforma de fotografias Instagram foi vendida por 1 bilhão de dólares. Esta possuía na época "apenas" 13 funcionários fixos e em torno de 30 milhões de usuários.

Nessa mesma época, estimativas apontaram que 18 mil empresas desapareceram e 250 mil empregos em tempo integral sumiram do mapa apenas nos Estados Unidos.

Em 2013, mais de 179 mil unidades de robôs industriais foram vendidas. Um novo recorde! A popularização é resultado do preço em queda e das novas habilidades adquiridas.

Nesse mesmo ano a Google comprou oito empresas de robótica avançada, dentre elas a Boston Dynamics, destinada a aplicações militares.

Também nesse ano, 13 prisões holandesas foram fechadas porque o país não tinha criminosos suficientes para elas. No final de agosto de 2016, cinco outras prisões tiveram o mesmo destino e várias outras serão desativadas.

No âmbito de sustentabilidade, a Suécia vem reciclando 1,5 bilhão de garrafas e latas anualmente, uma quantidade impressionante para uma população de 9,3 milhões de pessoas.

Os suecos produzem apenas 461 kg de lixo por ano e menos de 1% dessa quantidade acaba em aterros sanitários. Incrível! Os cidadãos controlam sua própria geração de lixo.

Em 2014 o ganhador do Prêmio Nobel Michael Spence destacou que "os empregos que envolvem funções repetitivas vão desaparecer rapidamente nos próximos anos".

Nesse período tivemos uma prévia do futuro das fábricas através da unidade de Leipzig da BMW com seus mil robôs. Os "poucos" funcionários acompanham tudo pelos computadores.

De acordo com a consultoria McKinsey, o preço dos robôs vem caindo 10% ao ano nas últimas décadas, podendo custar metade do valor atual até 2025, sem mencionar que a produtividade deles está aumentando exponencialmente.

Já estimativas internacionais apontam que 25% de todas as funções na indústria nos países mais ricos deverão ser substituídas por tecnologias de automação até 2025. Imagine isso globalmente!

Simultaneamente, empresas como Philips, Apple, GE, Ford e Whirlpool estão retornando aos seus países de origem, muito devido a pressões políticas, à crise econômica mundial e favorecidas pelo aumento dos custos trabalhistas na China em quase 190% na última década.

Em contrapartida, precisamos entender que essas mesmas empresas que estão retornando aos seus países de origem já estarão dentro do escopo da indústria 4.0, totalmente automatizadas, com cada vez menos postos de trabalho.

Estamos iniciando uma grande mudança na manufatura, como aquela provocada pela Revolução Industrial, de acordo com Erik Brynjolfsson, professor do Instituto de Tecnologia de Massachusetts (MIT).

Em 2016, a empresa de inteligência artificial do Google – DeepMind – e a Universidade de Oxford desenvolveram um sistema capaz de fazer a leitura labial em vídeos e transformá-los em legenda em texto. Chamado de LipNet, o sistema utilizou cerca de 29 mil vídeos com três segundos de duração cada e atingiu uma precisão de leitura labial de 93,4%.

Os sinais estão claros! Precisamos dar atenção e nos prepararmos para essas transformações.

Em 2017, John Chambers, CEO da Cisco por 20 anos, que já foi a mais valiosa empresa do mundo no final da década de 90, mencionou em palestras que "40% das empresas vão falir nos próximos 10 anos".

Perceba que até 2020 teremos 50 bilhões de aparelhos conectados e 500 bilhões em 2030, sendo boa parte ligado à internet das coisas (IoT), o que provocará uma reviravolta gigantesca. Empresas acomodadas e sem inovação tenderão a desaparecer.

Warren Buffett – bilionário americano – destacou neste mesmo ano de 2017, durante o encontro anual da Berkshire Hathaway, que na visão dele o varejo que conhecemos está prestes a morrer.

Fortificando essa observação do bilionário, o Credit Suisse estimou que 8.600 lojas físicas devem fechar apenas nos Estados Unidos entre este ano de 2017 e 2018. Veja que, só no ano de 2017, 3.200 lojas físicas já foram fechadas.

Envolto de emoção, Rahul Gupta (CEO da Nokia) anunciou a compra da Nokia pela Microsoft e terminou seu discurso dizendo isso: "nós não fizemos nada de errado, mas, de alguma forma, perdemos". O mundo mudou e mudará ainda mais!

Também em 2017, o banco americano JPMorgan anunciou que atividades que normalmente consumiam 360 mil horas de advogados por ano agora são resolvidas em segundos por robôs.

Em 2017, CEO da Intel, Brian Krzanich, disse: "dado o ritmo em que a condução autônoma está ganhando vida, espero que os filhos de meus filhos nunca tenham que dirigir um carro".

A Apple está se concentrando em tecnologia para carros autônomos, disse pela primeira vez o presidente-executivo da gigante de tecnologia, Tim Cook, em entrevista à Bloomberg.

Nesse mesmo ano, a Intel comprou a israelense Mobileye por US$ 15,3 bilhões, que produz sistemas de visão para carros. Atualmente ela tem parcerias com a Ford, BMW, Fiat Chrysler e em 2017 fechou acordo com a Google.

Em 2017 a BMW anunciou que planeja eletrificar toda a sua linha em 10 anos. A Toyota anunciou em 2017 que vai deixar de fabricar veículos com combustíveis fósseis até 2050. Tesla Motors em 2017 abriu fábrica na Europa e pretende vender por ano meio milhão de carros elétricos.

Do outro lado do mundo, a *Foundation for Young Australians* (FYA) apontou que 60% dos jovens hoje em dia estão aprendendo profissões que vão deixar de existir.

Em paralelo foi divulgado no Reino Unido relatório elaborado pela Oxford, Carl Benedikt Frey e Michael Osborne que um terço de todos os empregos no Reino Unido se tornará obsoleto, sendo substituídos pela robótica nos próximos 20 anos.

Imitando Star Trek, uma empresa americana promete resolver um dos grandes problemas da humanidade: a dificuldade de se comunicar com pessoas que falam outras línguas. Isso graças a um par de fones de ouvido inteligentes. O produto foi batizado de Pilot pela sua desenvolvedora, a Waverly Labs, que fica sediada em Nova York.

Do outro lado do mundo, japoneses inventaram um holograma que pode ser sentido e tocado. Pesquisadores da Universidade de Tóquio, no Japão, construíram uma máquina capaz de transformar hologramas em algo palpável.

Na área robótica, o primeiro robô tripulado por humanos, METHOD-2, deu seus primeiros passos, mesmo ainda ligado a uma fonte de energia. Com 4 metros de altura, seus braços são controlados por um piloto humano. A empresa coreana Hankook Mirae Tecnology, em parceria com o designer conceitual Vitaly Bulgarov, desenvolveu e criou esse robô futurista.

Falando em robôs, cientistas do MIT desenvolveram um novo tipo de fibra muscular artificial de *nylon* que poderá, em breve, tornar os robôs mais realistas, para que os futuros androides sejam capazes de flexionar e mover o corpo como fazemos, de acordo com informações da Science Alert.

Voltando para a Europa, a Alemanha apresentou recentemente ao mundo o primeiro trem de passageiros totalmente movido por hidrogênio para viagens de longa distância. Esse trem a hidrogênio pode causar uma revolução sobre trilhos.

Do Oriente Médio, Dubai inicia projeto Hyperloop proposto inicialmente pelo cofundador da Tesla, Elon Musk, em 2013. O Hyperloop é um sistema conceitual de transporte de alta velocidade que corre em um tubo de baixa pressão. Os organizadores sugerem que o tempo de viagem entre Abu Dhabi e Dubai pelo Hyperloop seja de apenas 12 minutos.

Uma cena clássica do filme "Star Trek IV", que apresenta uma invenção do personagem Scotty, o engenheiro-chefe da Enterprise – um alumínio transparente chamado Spinel –, deu força para pesquisadores da US NRL desenvolverem um material transparente que pode ser quase tão resistente quanto a safira.

Na área de energia limpa e quase infinita, uma máquina de fusão nuclear alemã passou por testes que confirmam seu funcionamento e pode resolver o problema de abastecimento energético na Terra.

Na área de saúde, pesquisadores do *National Institute of Health* (NIH), dos EUA, disseram ter descoberto um anticorpo produzido por um paciente soropositivo que neutraliza 98% de todas as estirpes de HIV testadas, incluindo a maioria resistente a outros anticorpos de mesma classe.

Em paralelo, brasileiros criam nanopartículas que podem inativar o vírus HIV. Para se reproduzir no organismo, um vírus passa por um processo de ligação das suas partículas às células infectadas, conectando-se a receptores da membrana celular. Com o objetivo de impedir essa ligação e, consequentemente, a infecção, pesquisadores do Centro Nacional de Pesquisa em Energia e Materiais desenvolveram uma estratégia que utiliza nanopartículas carregadas de grupos químicos capazes de atrair os vírus, ligando-se a eles e ocupando as vias de absorção que seriam utilizadas nos receptores celulares.

Novamente no Brasil, cientistas da UFMG (Universidade Federal de Minas Gerais) desenvolveram vacina contra o vício em cocaína. A droga ainda está na fase de testes em animais, mas promete acabar com a dependência química do crack também.

Esperança para milhões de pessoas que estão na fila de espera por um rim: cientistas da Universidade da Califórnia em São Francisco, nos EUA, pretendem lançar em 2017 o primeiro rim artificial biônico, que imita com perfeição o rim humano.

Cientistas da Universidade de Manchester encontram cura para cegueira através da substituição de células de visão nos olhos, por intermédio de um novo tipo de terapia genética que é capaz de reprogramar células profundas nos olhos de ratos, que conseguiram perceber luz.

Um grupo de cientistas franceses criou uma fita protética, equipada com eletrodos e esticada ao longo da medula espinhal, que em breve permitirá que humanos com paralisia sejam capazes de andar sozinhos após algumas semanas de treinamento.

Indo para São Francisco, nos Estados Unidos. Lá encontraremos um café fora dos padrões tradicionais, visto que é servido por um robô. Isso mesmo, um robô! Este é o Cafe X! Esse robô, que utiliza tecnologias de *machine learning* e robótica, virou a nova sensação do Vale do Silício.

Dos Estados Unidos vamos para a Alemanha, especificamente em Berlim. Lá foi desenvolvida uma árvore artificial que purifica o ar como se fosse um bosque inteiro. Olha que loucura! Essa solução, chamada de CityTree, foi desenvolvida por designers da empresa Green City Solutions e tem como objetivo combater a poluição atmosférica nas cidades, um dos graves problemas ambientais da atualidade.

Saindo da Alemanha, vamos para Holanda, um país que conseguiu incorporar à vida dos seus habitantes o hábito do ciclismo, investindo massivamente em uma rede extensa de vias, espalhadas por todo o país, com mais de 35 mil km de ciclovias, todas equipadas com semáforos e sinalizações próprias que propiciam uma experiência mais segura, permitindo uma conexão direta entre o ponto de partida e o seu destino para cada ciclista. Que planejamento!

Agora vamos para Cingapura, no Sudeste Asiático, onde o futuro virou presente e hóspedes são servidos por robôs em seus quartos. Isso está acontecendo na rede hoteleira Shangri-La Hotels and Resorts. Esses robôs foram batizados de Jeno e Jena e decorados com um adesivo que lembra o uniforme dos mordomos. Eles possuem sensores que permitem desviar de obstáculos, inclusive de pessoas no meio do caminho, e são capazes de entrar nos elevadores para ir até o andar do cliente.

Vamos agora para Jiyugaoka, localizado em Tóquio, no Japão, para conhecer o Eco-Cycle, que é um sistema de manobrista robótico dentro de uma torre debaixo da terra, com quarenta andares, na qual os clientes pagam uma taxa para armazenar suas bicicletas. Em minha opinião, é um projeto formidável adotado neste país que visa resolver os problemas das grandes cidades que não sabem o que fazer com tantas bicicletas.

Voltando para a Holanda, descobriu-se o bioconcreto, que pode economizar bilhões de dólares na manutenção de estruturas. Segundo a HealCon, organização que pretende promover o uso do novo material, só na Europa são gastos anualmente US$ 6,8 bilhões (mais de R$ 22 bilhões) para reparar edifícios enfraquecidos.

Nesse mesmo país, saindo do concreto e entrando 100% na carne que tem 0% relação com a matança de animais, um cientista holandês criou um 'hambúrguer de laboratório' a partir de células-tronco de vaca. O biólogo Mark Post, da Universidade de Maastricht, na Holanda, tem agora como maior desafio dar mais cor e sabor à proteína *high tech* que ele inventou.

Outro ponto, o medo de que as máquinas roubem os empregos dos seres humanos, tem fundamento, e, de acordo com a PricewaterhouseCoopers (PwC), até 2030 robôs substituirão 38% das vagas de trabalho nos Estados Unidos, 30% no Reino Unido e 21% no Japão. Os setores de transporte, armazenamento, manufatura e varejo serão os mais afetados.

Todos os itens que coloquei até agora neste tópico têm em comum, de forma direta ou indireta, a inteligência artificial.

Os impactos da inteligência artificial na vida da humanidade

Ela está se envolvendo em tudo, e no meu ver é importante estarmos cientes das mudanças e dos impactos em nossas vidas. Quase tudo mudará daqui para frente.

Todos sabemos que inteligência artificial é uma realidade, porém também achamos que é algo ainda limitado hoje em dia, correto?

Mas, ao mesmo tempo, já podemos identificar essa inteligência em robôs que montam produtos, detectando fraude em cartões de crédito, em serviços de bancos, empresas de telecomunicações e nos mais variados aplicativos de mercado, não é verdade?

Posso citar uma centena de softwares que hoje já interagem conosco no dia a dia, fazendo coisas que antes exigiam inteligência humana e hoje já são resolvidas por inteligência artificial, porém em 2029 não será mais algo limitado.

Essa visão é compartilhada por grandes pensadores, pesquisadores e escritores, inclusive Ray Kurzweil, que é autor de livros sobre saúde, inteligência artificial, transumanismo, singularidade tecnológica e futurologia.

Para entendermos melhor o que é inteligência artificial, esta se refere à criação de máquinas – não necessariamente com corpo físico – com habilidades de pensar e agir como humanos e softwares que conseguem abstrair, criar, deduzir e aprender ideias.

O objetivo geralmente está em facilitar tarefas do dia a dia dos seres humanos, avançar em pesquisas científicas e para modernizar indústrias.

Hoje já interagimos com vários assistentes virtuais, como a Siri, a Cortana e o Google Assistant, e empresas como a Spotify e a Netflix já usam inteligência artificial para entender as preferências dos usuários. A Amazon faz algo similar ao oferecer a seus clientes novos produtos a partir de *machine learning*, todos bons exemplos de inteligência artificial em contato direto com os usuários.

Importante entender que *machine learning* é apenas uma parte da inteligência artificial, sendo um programa que acessa um grande volume de dados e aprende com eles automaticamente, sem intervenção humana.

Já a inteligência artificial, por outro lado, vai além do *machine learning*, incluindo tecnologias como processamento de linguagem natural, redes neurais, algoritmos de inferência e *deep learning*, sempre com a ideia de atingir raciocínio e atuação similares à dos humanos.

Na visão desses pensadores, a partir de 2029 teremos uma combinação muito poderosa de sutileza e poder de reconhecimento de padrões da inteligência humana com as capacidades que as máquinas já têm, que são maiores que as humanas.

Essas máquinas com inteligência artificial podem se lembrar de bilhões de coisas. Nós mal nos lembramos de alguns telefonemas. Através delas temos acesso a todo o conhecimento humano.

O cérebro humano não pode encontrar tudo como o Google encontra, por isso, na visão de Kurzweil, essa será uma combinação muito poderosa, onde a parte artificial da civilização homens-máquina crescerá espontaneamente, tendo sua capacidade duplicada a cada ano.

Alguns *experts* na área creem que a IA está ainda em sua infância e tem um longo caminho pela frente. Outros, entretanto, garantem que faltam apenas alguns anos para a chegada da singularidade tecnológica, momento em que a inteligência artificial vai superar a humana.

Uma pesquisa realizada em 2013 fez a seguinte pergunta para centenas de especialistas em IA: quando o nível de inteligência artificial será 50% da inteligência humana? A resposta média foi 2040. Enquanto isso, outro estudo recente mostrou que 42% de um grupo de cientistas acreditam que a singularidade será atingida antes de 2030.

A parte biológica permanecerá fixa, mas não teremos máquinas aqui e seres humanos ali. Será realmente uma só civilização.

Em 2045, a parte artificial da inteligência da civilização de homens máquinas será 1 bilhão de vezes mais poderosa do que a parte biológica. Isso quer dizer que teremos ampliado em 1 bilhão de vezes a inteligência dessa civilização.

É uma transformação tão profunda que a chamamos de SINGULARIDADE. Com a singularidade, haverá um aumento súbito na ciência, na música, nas artes, em todas as coisas que o cérebro humano faz.

Hoje já consideramos os neurônios máquinas. Eles podem ser copiados por uma máquina, e já fizemos isso nos dias de hoje.

E, se um neurônio é uma máquina, 100 bilhões deles são o nosso cérebro. É uma máquina complexa, mas chegaremos a recriar isso também.

Os limites da inteligência artificial

Essas máquinas não irão apenas resolver problemas de lógica ou produzir conhecimento, como fazem hoje; elas terão inteligência emocional.

Quando as máquinas da década de 2030 ficarem irritadas porque você disse que ia fazer algo, mas não fez, você vai acreditar nelas, porque mostrarão todos os sinais sutis e a complexidade da inteligência humana. Estará tudo misturado.

Bill Gates, Stephen Hawking e Elon Musk já expressaram publicamente sua preocupação e necessidade de regulamentação na área da IA e gostariam que armas autônomas fossem banidas, pois eles acreditam que a inteligência artificial pode um dia se tornar uma ameaça para as pessoas e até pôr fim à humanidade – inclusive, não entendem como algumas pessoas não estão preocupadas.

Essas preocupações são fortes e possuem fundamento. Para quem ainda não ouviu falar do Basilisco de Roko, trata-se de um experimento que está fundamentado em teorias complexas, mas que remete a uma noção de que uma IA, por ser desprovida da moral humana, poderia fazer de tudo que considerasse necessário para tentar tornar o mundo cada vez melhor.

Essa preocupação também já foi exposta por Eliezer Yudkowsky, que está à frente do Instituto de Pesquisa de Inteligência de Máquina (MIRI).

O teste de Turing verifica se uma máquina tem consciência ou não. Um juiz faz esse teste entre humanos e máquinas. Se uma máquina chegar a passar de 30%, ela é considerada com consciência.

Até 2029 acredito que identificaremos máquinas com consciência. Hoje as máquinas já chegaram a 25%. A cada período elas vão crescendo.

E a partir de 2029, intitulada de singularidade, presenciaremos a inteligência artificial fazendo parte do nosso cotidiano, onde homens e máquinas viverão juntos.

Esse equilíbrio é crucial, visto que em breve teremos um ciclo frenético de máquinas inteligentes que se autoaperfeiçoam e provavelmente em 2045 esse fenômeno estará em um patamar muito mais avançado, inclusive a forma como vamos interagir com essas máquinas. Assim, vamos analisar as mudanças silenciosas que moldaram nosso futuro.

No âmbito da inteligência artificial, a notícia da vez é que o sistema de aprendizagem de uma máquina ganhou a habilidade de escrever seu próprio código. Criado por pesquisadores da Microsoft e da Universidade de Cambridge, o sistema, chamado DeepCoder, usa uma técnica chamada síntese de programa, ou seja, cria novos programas reunindo linhas de código retiradas de softwares existentes.

Seguindo relatos sobre IA, cientistas da IBM criaram neurônios artificiais que "pensam" sozinhos. Em estudo publicado recentemente, pesquisadores revelaram a criação de um conjunto de mais de 500 neurônios artificiais, capazes de interpretar informações e aprender sozinhos. A descoberta permitirá desenvolver um sistema computacional capaz de se comportar como o cérebro humano.

Simultaneamente, tivemos a apresentação de robôs com aparência humana nos Estados Unidos e no Japão, como Sophia, um androide com inteligência artificial projetado para replicar expressões faciais humanas com precisão, ouvir frases e responder como se fosse uma pessoa real.

A androide usa uma pele artificial chamada Frubber, que é à base de silício, com 62 arquiteturas faciais e no pescoço. As câmeras nos olhos permitem que ela seja capaz de reconhecer rostos e manter contato visual. Sophia é mais um passo natural no desenvolvimento cada vez mais veloz de máquinas indistinguíveis de seres humanos. Isso lembra os anfitriões de "Westworld" ou os replicantes de "Blade Runner".

Imagine essas interações sem a necessidade de emitirmos um único som? Isso já está em fase avançada e foi desenvolvido por pesquisadores do Massachusetts Institute of Technology (MIT), que elaboraram um dispositivo que consegue compreender palavras ditas sem que as pessoas vocalizem, a chamada subvocalização.

Intitulado de AlterEgo, o aparelho funciona pendurado sobre a orelha, descendo no contorno do maxilar e encaixando com uma tarja entre a boca e o queixo, e por meio de eletrodos é capaz de captar sinais das palavras pensadas, mas não ditas, por meio de vibrações que produzem som diretamente aos ossos dentro do ouvido, sem a necessidade de um fone.

Em breve seremos uma mistura de homem e máquina, com componentes internos, podendo, sim, interagir com qualquer equipamento munido de sensores ou com inteligência artificial embarcada, permitindo uma extensão real de nossa cognição.

Essa evolução está tão rápida que já estamos presenciando o que parecia ser impossível: o nascimento do primeiro "bebê" oriundo de inteligência artificial.

Mesmo estando ainda em um estágio incipiente, pasme, isso já aconteceu! Ele foi criado para gerar outras inteligências artificiais, visando assim simplificar o trabalho dos pesquisadores do Google Brain, o braço da empresa focado em pesquisas.

Ela surgiu com capacidades superiores a programas desenvolvidos e programados por humanos, tendo o comportamento parecido com o de uma criança, testando soluções para seus problemas e corrigindo-os, sempre guiados pela inteligência artificial "mãe".

Em resumo, intitulado de AutoML, os pesquisadores de inteligência artificial do Google ensinaram um software de aprendizado de máquinas a construir softwares de aprendizado de máquinas cada vez melhores.

E em paralelo e em andamento, talvez esteja o maior e mais ambicioso de todos os projetos de pesquisa do cérebro humano lançado pelos EUA, e acredita-se que aproximadamente em duas décadas possamos enfim decifrar o "código cerebral", tal como realizamos com o genoma humano.

A partir desse ponto poderemos compreender como 85 bilhões de neurônios disparam e se conectam entre si para gerar memórias, ideias, emoções, prover nossa imaginação, inclusive nosso comportamento, e assim descobriremos a essência do que somos.

Podemos até afirmar que em 2050 teremos a capacidade de analisar a atividade cerebral dos seres humanos e, assim, como um passe de mágica, saber o que cada pessoa está pensando ou mesmo manipulá-la para controlar seus atos.

Possibilidades reais

Realmente chega a ser assustador, porém, se analisarmos positivamente, poderemos aumentar as habilidades mentais dos seres humanos e ajudar pacientes com doenças cerebrais, neurológicas ou mesmo mentais.

Oriunda da Universidade de Stanford, a diretora do laboratório de visão computacional da instituição Fei-Fei Li passou as últimas duas décadas ensinando computadores a enxergar, com o objetivo de criar olhos eletrônicos para robôs e máquinas e torná-los capazes de entender o ambiente em que estão.

Metade da nossa capacidade cerebral é usada no processamento visual, algo que fazemos sem um grande esforço aparente; assim, em vez de só nos concentrarmos em criar algoritmos cada vez melhores, a ideia é dar aos algoritmos o treinamento que crianças recebem por meio de experiências, quantitativamente e qualitativamente.

Por fim, depois disso, ainda assim restarão elementos da mente humana, como sonhar acordado, que máquinas "nunca" serão capazes de replicar.

Ao mesmo tempo, precisamos estar conscientes de que a habilidade deles vem melhorando e que a inteligência artificial entrará em sua era de ouro, tornando-se mais eficiente daqui em diante.

Agora trago algumas tendências apontadas pelo Fórum Econômico Mundial, visando ajudar em possíveis dicas para quem já está empregado e quer mudar ou mesmo quem esteja iniciando sua vida profissional.

- **Computação quântica:** visa o desenvolvimento de computadores cada vez mais rápidos, principalmente porque o silício, principal componente utilizado na construção dos processadores que utilizamos diariamente, já está chegando aos limites físicos.

- **Comunidades sustentáveis:** estão se proliferando pelo mundo, principalmente abrindo oportunidades nas áreas de uso da água, lixo e energia, visto que, nas últimas três décadas, um terço dos recursos naturais da terra foi consumido.
- **Vacinas genéticas:** são feitas com partes de DNA do agente que se quer combater, fazendo com que o nosso organismo produza imunidade contra essas substâncias, criando assim uma memória imunológica.
- **Carros sustentáveis:** é uma grande oportunidade, principalmente com a chegada dos carros híbridos e elétricos e, em breve, carros com células de hidrogênio.
- **Agricultura de precisão:** é baseada no princípio da variabilidade do solo e clima por intermédio de sensores, robôs, drones, colheitadeiras autônomas, etc., produzindo mais com menos recursos e espaço.
- **Fotossíntese artificial:** conversão de dióxido de carbono e água em carboidratos e em oxigênio utilizando a luz do Sol, criando um sistema que pode limpar o ar poluído e produzir energia.
- ***Deep learning*:** permitirá que a inteligência artificial evolua através de um processo de aprendizagem muito similar ao que ocorre no cérebro humano – sobretudo no córtex visual.
- **Água a partir do ar:** conhecida como condensação térmica do vapor d'água em suspensão. É como se a máquina reproduzisse uma nuvem e a "espremesse" para tirar quase toda a água concentrada em forma de vapor.
- **Biópsia líquida:** diagnosticar o câncer através de testes de sangue, identificando tumores antes de se tornarem visíveis em análises convencionais, em uma fase em que podem ser bloqueados.
- **Alimentação por eletricidade:** cientistas finlandeses acreditam que em uma década já estará em escala industrial. Ela produz um tipo de pó rico em proteínas e carboidratos.

Por fim, lembro que demandas em pesquisa e desenvolvimento oferecerão melhores oportunidades para profissionais capacitados e multidisciplinares.

Todos os dados aqui embutidos fazem parte de pesquisa e são públicos.

Referências

BURRUS, Daniel; MANN, John. **O Futuro Como um Bom Negócio.** Rio de Janeiro: Campus, 2011;

DIAMANDIS, Peter; KOTLER, Steven. **Abundância:** o futuro é melhor do que você imagina. Rio de Janeiro: Alta Books, 2012.

HARARI, Yuval Noah. **Homo Deus:** uma breve história do amanhã. São Paulo: Companhia das Letras, 2016.

HARARI, Yuval Noah. **Sapiens:** uma breve história da humanidade. Porto Alegre: L&PM, 2015.

KAKU, Michio. **O Futuro da Mente.** Rio de Janeiro: Rocco, 2015.

KURZWEIL, Ray. **A Era das Maquinas Espirituais.** São Paulo: Aleph, 2007.

KURZWEIL, Ray. **The Singularity is Near.** New York: Penguin, 2005.

10. Grandes Aprendizados de um Executivo

José Rubens Moreira Tocci

O "fator humano"

Temos visto, vivido e acompanhado mudanças drásticas, evoluções e revoluções constantes no mercado da Tecnologia da Informação nos últimos trinta anos. Falo de trinta anos porque neste 2018 completo 36 anos de atuação neste setor e é o período que conheço.

Antes tínhamos mudanças importantes a cada cinco anos, depois dois, agora paradigmas são quebrados a cada instante e, às vezes, tomamos ciência apenas depois de consolidadas as consequências.

Não vou ficar no lugar comum de dizer e apontar quantas empresas nasceram destes "novos mundos", deixaram de existir, mudaram seu "core business", cresceram ou foram "engolidas" por outras. Os exemplos são muitos! Vamos falar de um dos motivos para que tudo isso ocorra: "o ser humano".

Lógico que o dinheiro move, proporciona, patrocina e busca essas mudanças, mas prefiro falar do "fator humano".

Todas as alterações de tecnologia que ocorreram nesses últimos anos mudaram como nós, os humanos, vivemos nossas vidas. Melhoramos? Evoluímos? Ainda vem muito por aí.

Nenhuma metodologia ou tecnologia deveria ser implementada sem ter como foco a melhoria da vida dos humanos. Nas duas pontas temos pessoas e suas vidas sendo profundamente afetadas.

Nesses anos todos de TI, consigo lembrar de inúmeros projetos que deram muito certo porque as equipes eram dedicadas, focadas e unidas (tanto a equipe técnica quanto os usuários), mas também (e infelizmente) tenho exemplos de projetos muito bem elaborados que falharam por falta de sinergia ou por razões pessoais e não da coletividade – assim, um único indivíduo consegue atrasar ou até interromper um projeto importante para toda uma empresa.

Lógico que as metodologias são um componente importantíssimo para o sucesso; lógico que as novas tecnologias nos ajudam a confeccionar e implementar projetos com muito mais corretamente, mas sempre temos o "fator humano".

Vou compartilhar algumas histórias com você para ilustrar, na minha visão, a importância do "fator humano", baseado em alguns princípios:

1. Transparência (a verdade)
2. Humildade
3. Trabalho em equipe

São apenas "causos" para amenizar conteúdos tão densos tratados neste livro.

Transparência (a verdade exposta)

Duas definições de transparência que eu gosto muito:

- Qualidade do que transmite a ***verdade*** sem a adulterar.
- Qualidade de quem não tem nada a esconder.

Verdade, este é um conceito fácil. Não é?! Vamos ver:

- Propriedade de estar conforme com os fatos ou a realidade.
- Coisa, fato ou evento real.
- Significa aquilo que está intimamente ligado a tudo que é **sincero**, que é **verdadeiro**, é a **ausência da mentira**.
- Afirmação do que é correto, do que é seguramente o certo e está dentro da realidade apresentada.

Que malandro é esse?

Você acreditaria em quem fala a verdade?

Entrei naquele prédio sem saber realmente o que fazer. O lugar, por si só, já era imponente demais, suficiente para amedrontar qualquer um que não tivesse pelo menos 10 anos de experiência.

Advocacia. Um escritório de advocacia. No centro de São Paulo. Não daqueles com dois ou três nomes no título mais o "Associados". Era um escritório de um nome só e vários doutores a trabalhar para ele. Um advogado que todos sabiam quem era.

Eu deveria estar ali para entregar mais um módulo do sistema. Era um tempo onde todos os sistemas estavam por ser feitos. Um tempo onde a informática ainda era mistério e os "informáticos" eram tidos como gênios. Eu era um, não um gênio, mas um "informático". Era mediano, mas como todos os outros mortais sabiam nada ou quase nada dessa tal informática, um pouco já era suficiente para ser o dono do conhecimento (do desconhecido). Então, eu era o gênio.

Ele era um senhor nos seus 60 anos, altivo, com um terno caro e impecável, com poucos cabelos brancos. Apesar de tradicional, estava investindo na informatização do escritório. Talvez um dos primeiros na sua área a se preocupar com isso (e eu fui o escolhido para fazê-lo). Um estudioso do direito canônico, homem de princípios, de família, de honra.

Apesar de poder entregar o módulo que deveria ser entregue naquela data, eu sabia que não seria possível cumprir o prazo dado para o sistema. Primeiro porque era muito complexo, as ideias dele eram revolucionárias e meus conhecimentos limitados. Eu, sozinho, não seria capaz de fazer a tempo.

E lá estava eu, no elevador, rezando para que Deus me iluminasse.

Eu tinha trabalhado por noites inteiras e a cada linha de programação me via mais distante do objetivo final. Eu não tinha dinheiro para contratar um bom programador, minha empresa era pequena – na verdade, era eu, minha esposa e mais dois abnegados.

Então, no final do dia fui para a grande sala onde ele trabalhava. Respirei, rezei, entrei. Tremi. Havia pensado em algumas desculpas:

Talvez elogiá-lo, dizer que ele tinha ido muito além e que eu iria necessitar de mais tempo para programar todas as suas ideias brilhantes. ISSO! Sim! Era verdade! Assim eu não precisaria dizer que não tinha dinheiro para contratar alguém mais competente para dar cabo da tarefa.

Porém, meias verdades não são verdades inteiras, também não são meias mentiras, também não são verdades completas. Exageramos nas meias verdades para que elas pareçam verdades, ou pelo menos três quartos de verdades, mas, mesmo assim, não são verdades inteiras.

Quando percebi, já estava diante dele. "O Senhor é meu pastor e nada me faltará" era a única oração que dava tempo de rezar.

Lá estava ele, sentado atrás de uma mesa enorme, madeira de lei, antiguidade, superfície coberta de couro, atrás um enorme armário de madeira cheio de livros (todos encadernados), cadeira de couro com encosto alto. À frente não uma poltrona, mas um sofá, couro também. Dois lugares. Imponente, porém baixo o suficiente para que o mais alto ainda ficasse mais baixo.

Sentei e...

Falei a verdade, não a meia, mas a inteira.

O medo tornou-se calma e, de repente, atrás daquela mesa ouvi uma voz grave e solene:

— Você é malandro!

A calma se foi!

Doeu. Doeu pela injustiça, pelos princípios que sempre me acompanharam.

Isso eu não podia admitir. Feria meu pai. Eu não era um malandro. Estava falando a verdade INTEIRA e fui acusado de ser M A L A N D R O.

Antes que eu pudesse articular minha resposta – eu era arrogante o suficiente (mais pela pouca idade do que uma característica pessoal) para achar que poderia argumentar com aquele advogado, ex-juiz – ele explicou:

— Hoje, filho, a grande malandragem é falar a verdade. Você poderia dar tantas explicações críveis, mas decidiu contar que "o pneu furou". É a mais tosca das desculpas, mas quando verdade... desarma.

Saí de lá com um adiantamento, mais prazo e, então, capacidade para contratar bons programadores, o que proporcionou um crescimento importante para minha pequena empresa.

A verdade! Meu pai tinha razão: a pior verdade é melhor que a melhor mentira.

Humildade (administração do ego)

- Sentimento proveniente do conhecimento dos próprios erros ou defeitos.
- É a qualidade de quem age com simplicidade, uma característica das pessoas que sabem assumir as suas responsabilidades, sem arrogância, prepotência ou soberba.
- Do latim *humilitas*, é a virtude que consiste em conhecer as suas próprias limitações e fraquezas e agir de acordo com essa consciência.

Não! Você não mandou bem!

Estávamos, minha equipe e eu, em um evento de TI com mais de 100 CIOs num lindo *resort* na Bahia. O formato do evento era ótimo, mas muito cansativo. Eram 10 palestras por dia, 3 dias em "petit comité".

Eu estava muito bem preparado. A empresa que eu representava tinha um portfólio incrível e estávamos lançando produtos ainda mais inovadores. Um belo desafio.

Meu pessoal havia pensado em tudo, *folders*, brindes, *banners*, contexto, apresentações, tudo. Os *slides* eram ótimos e o que eu tinha que fazer era simplesmente passar a mensagem e me fazer digno daquela equipe.

Foi um sucesso! A apresentação mais bem avaliada do evento.

Um bom amigo, especialista em apresentações, uma vez me disse que temos apenas 20 segundos para "pegar" a atenção da plateia ou então vamos passar o tempo todo tentando. Também me ensinou que muito mais importante que um *gran finale* é um começo acachapante. "Fale o que você vai dizer! Fale! Fale o que você disse".

Nosso começo era brilhante: "o Departamento de Informática das Empresas não está informatizado". E isso para CIOs! As reações eram diversas: ódio, complacência, indignação, concordância. Mas sempre muita curiosidade. E assim eu tinha mais 29 minutos e 40 segundos para dar meu recado. Eles prestavam atenção.

Um dos grupos era de bancos e eu não podia perder a oportunidade de passar corretamente nossa mensagem. Não atuávamos, até então, nessa área e precisávamos de uma boa história de sucesso.

Ao final da apresentação eu costumava pedir para que eles me convidassem para tomar um cafezinho em suas empresas e no final da apresentação o VP de um dos maiores bancos do país me convidou.

Era uma honra. O homem era, para mim e acho que para todos, um mito. Alguém que exalava sabedoria, dignidade, alguém que se confundia com a história da informática bancária de um país que é líder nessa área e, sim, tinha alguma altivez.

Preparamo-nos por uma semana. Apresentações revisadas, equipe comercial e técnica alinhadas, tudo em ordem. Chegou a hora.

O lugar era espetacular, enorme, tudo organizado, tudo no seu lugar.

Fomos levados a uma grande sala, com uma enorme mesa para mais ou menos 20 pessoas. Nós éramos quatro.

Ele entrou e com ele mais nove diretores. Sentou na ponta, nos apresentou para os diretores avisou que tínhamos 40 minutos, pediu para que eu mostrasse o que ele tinha visto no evento com um pouco mais de profundidade.

Começamos! Primeiro fiz a mesma apresentação, só que mais concisa (10 minutos), depois meu engenheiro começou a mostrar na prática.

Após 40 minutos uma senhora entrou na sala e lembrou o VP que ele tinha um outro compromisso. Devido às muitas perguntas, ainda estávamos longe do final. Senti-me aflito. Percebi que estávamos indo muito bem, o interesse era claro, mas não havíamos mostrado tudo que precisávamos mostrar.

Ele levantou e todos começaram a arrumar suas coisas, então ele disse:

— Tenho que ir a uma outra reunião, mas volto em 15 minutos (voltou em 15 minutos). Por favor, (olhando para sua equipe) prestem muita atenção no tema requisitos e vocês (olhando para mim) têm mais 40 minutos.

Foi a glória! Fizemos nossa apresentação até o final com muita participação de todos.

Houve um momento tenso, quanto um diretor me perguntou se tínhamos uma área de serviços grande o suficiente para atender a uma empresa do porte deles e emendou perguntando quantas implementações já havíamos feito para empresas assim como eles.

A verdade. Ela novamente. Em instantes tive que pensar rápido. Não, não tínhamos uma equipe de serviços grande o suficiente para atendê-los (odiei minha matriz por não ter permitido ampliar a área quando pedi), mas tínhamos parceiros que detinham essa experiência e não, nunca havíamos feito uma implementação em uma empresa daquele tamanho.

Enchi-me de coragem e respondi a verdade.

Logo após encerrarmos a apresentação veio a única pergunta do VP:

— Como vocês pretendem implantar isso no banco?

A resposta foi meio padrão.

— Bom... faremos algumas reuniões com os usuários-chave que vocês designarem e depois apresentaremos um projeto de implantação.

A resposta foi:

— Ok.

Eu estava exultante. Minha equipe estava orgulhosa. A sensação era de dever cumprido, de vitória. Entreolhamo-nos e nos congratulamos apenas com olhares (éramos mesmo uma equipe sinérgica).

Despedimo-nos e aos poucos todos foram deixando a grande sala. O VP, agora meu amigo, segurou-me pelo ombro, retardando minha saída, como se quisesse me falar algo em particular. Reduzi o passo e esperei a fala.

— Rapaz, seus produtos parecem ótimos, a apresentação foi boa, mas assim você não vai vender nada aqui!

Perdi o chão. Nossa melhor apresentação tinha sido um fracasso! O nosso "melhor" era ainda insuficiente.

— Vocês têm algo que me parece muito importante, mas você terminou a apresentação como todos, jogando o ônus do conhecimento nas minhas mãos.

Então entendi que na verdade minha equipe tinha feito seu trabalho e eu estraguei no final. A culpa era minha.

Ele completou:

— Como eu lhe disse, vocês têm algo que ninguém até hoje me apresentou, mas não vou fazer seu trabalho. Porém, vocês têm um diferencial grande, têm coragem de dizer a verdade. Necessito confiar e creio que posso confiar em vocês. Você está disposto em investir aqui? Se sim, vamos fazer negócio.

Consegui uma segunda chance pela verdade, mas quase perdi tudo pela arrogância.

Por mais de um ano, trabalhamos para entender o banco. Investimos muito trabalho para apresentar uma proposta vencedora para eles. Uma proposta com a "cara" do banco.

Foram tempos difíceis, eu não tinha autorização da matriz para um investimento desse porte, tínhamos os recursos humanos, necessitávamos da venda, mas a matriz insistia em não apostar aqui, mas, com ajuda de minha equipe (e de um chefe parceiro) e um pouco de coragem, contornamos as dificuldades. Mesmo sem o apoio necessário, investimos.

Foi a maior venda de licenças de nossa história no país e, talvez, a mais bem-sucedida em todo o mundo. Foi "President's Club"[32] pra tudo quanto é lado.

Tínhamos, agora, nossa história de sucesso e os bancos ao nosso alcance.

A importância da vovó!

Estávamos implementando uma solução desenvolvida especialmente para uma cadeia enorme de escolas. Havíamos usado as mais modernas e renomadas metodologias de desenvolvimento de sistemas, as melhores ferramentas de desenvolvimento e teste, profissionais certificados, usuários treinados. Tudo que era preciso para obter sucesso parecia ter sido feito.

---

[32] Prêmio de excelência que as empresas oferecem para os destaques do ano.

E a implementação estava atrasada! A solução simplesmente não estava sendo usada.

A equipe estava irritada, piadas com os usuários começaram a aparecer e os gerentes não entendiam o porquê do insucesso.

Um deles veio até mim e disse que as diretoras das unidades não estavam ajudando. Elas não mostravam interesse na implementação da solução e muitas já não atendiam nossos técnicos.

Pedi uma reunião com o responsável pelo projeto no cliente, e ele, sem muita paciência, me disse:

— Olha, seu pessoal é bom, mas eles não têm muita paciência. É preciso entender que nossas diretoras são, quase todas, senhoras com pouca habilidade com computadores.

A equipe era ótima, profissionais e pessoas ótimas, mas com pouco cuidado com as dificuldades dos outros.

Chamei um técnico que eu gostava muito. Quando da primeira entrevista, ele foi muito sincero em dizer:

— Senhor José, eu gostaria muito de vir trabalhar aqui, o senhor vai ver que vai ter muita dedicação da minha parte, só que uma vez por mês vou ter que ir à minha cidade natal para visitar minha avó, então às vezes não estarei disponível no final de semana.

Pronto!

Resolvido.

O técnico foi muito cuidadoso com as diretoras. Levava biscoitos, pedia licença para pegar nas mãos delas para ensinar a mexer com o mouse...

Ganhamos amigas e tudo funcionou.

Trabalho em equipe (doação)

- **Equipe:** é um conjunto ou grupo de indivíduos aplicados na realização de uma mesma tarefa ou trabalho.

- **Trabalho em equipe:** conjunto ou grupo de pessoas que se dedicam a realizar uma tarefa ou trabalho, por obrigação **ou não**.
- **Doação:** contribuição, auxílio, presente, dádiva, dedicação, devoção, entrega.

Bom almoço

A nossa empresa era especializada em ferramentas de desenvolvimento. Linguagens, bancos de dados, qualidade de software, gestão de portfólio, gestão de requisitos, testes, entre outras.

Tínhamos uma comunidade de clientes bem apaixonada e ativa. Todo ano preparávamos uma conferência de três dias com mais de 70 palestras, às vezes cinco ou seis simultâneas, para 800, 900 técnicos.

Era uma grande festa. Palestrantes importantes, palestrantes supertécnicos, palestras empolgantes. Gente muito boa do setor.

Além do *coffee break*, servíamos almoço todos os dias.

Nossa equipe de marketing (junto com os nossos técnicos) sempre foi o nosso ponto forte. O evento era sucesso todo ano!

Chegou a hora do primeiro almoço, eu estava sentado à mesa com dois clientes muito importantes. Foram convidados para o evento para que eu pudesse mostrar nosso potencial e ampliar nossos negócios. Seria melhor tê-los em dois dias distintos, mas não deu e lá estava eu com dois altos executivos no nosso evento.

Apesar da extrema confiança na minha equipe, eu estava meio tenso, afinal servir almoço para mais de 800 pessoas não era tarefa fácil e era a primeira vez que trabalhávamos com a empresa contratada para a tarefa.

Almoço começou. Comida boa, conversa boa. Falamos de famílias, carreiras, nossas empresas, nossas equipes. Foi aí que um dos executivos chamou minha atenção:

— Zé, esse seu pessoal de marketing é mesmo incrível! Que ideia mais genial! Mostra o poder do trabalho em equipe, do conceito do "servir". Parabéns!

Fiquei meio atrapalhado. Então ele olhou para o outro executivo e disse:

— Olha lá. Aquele é o VP de marketing e comercial da empresa, ele é quem está servindo às mesas.

Nossa! O Zé (meio sócio em todas as empresas e projetos que atuei na vida, Zé também é palmeirense) estava trabalhando de garçom.

— Veja, aquele ali é o Engenheiro Chefe deles, também está servindo mesas. Nossa, você precisa assistir a palestra daquele ali. É ótima!

Pensei que o Zé poderia ter me avisado do projeto. Que ideia sensacional! Nossos técnicos, palestrantes, gerentes de contas, todos servindo mesas. Que legal.

O almoço foi um sucesso. Tudo perfeito. Comida boa, bem caseira, saborosa. Serviço nota 10 para quem não é do ramo. Tudo muito bom mesmo.

Fechei ali um novo e muito bom contrato e mais tarde fechamos também com o outro cliente.

Terminado o almoço, fui parabenizar o Zé e a equipe. Eles estavam exaustos e já se preparando para começar suas outras funções, palestrar, atender os clientes, organização das palestras, novos credenciamentos. Vi uma tensão no ar e decidi falar depois.

No final do dia, todos estavam cansados, mas felizes com o dever cumprido.

Fui então até o Zé e disse:

— Zé, parabéns pra você e toda a equipe. A ideia de servir as mesas foi ótima!

— Parabéns a #$@&$! O bufê deu cano. Tivemos que fazer tudo nós mesmos.

Sim. Poucas horas antes do almoço a proprietária da empresa contratada nos avisou, apavorada, que os funcionários dela entraram em greve por melhores salários e não iriam trabalhar se ela não aumentasse. Não houve acordo.

Reunião de emergência, projeto e responsabilidades definidos em minutos, execução imediata.

Cozinha, bebidas, mesas, tudo, tudo funcionou.

Sem queixas, sem dúvidas, todos nos seus lugares, executando o que era preciso e, depois, a felicidade do dever cumprido.

Este, sem dúvida, foi um dos projetos que a equipe entregou dos quais mais me orgulho!

Sobre os Autores

CLOVIS BERGAMO FILHO

CEO e *Founder* da Six Sigma Brasil (<http://www.leansixsigma.com.br>), empresa fundada em 2007 com objetivo de integrar organizações e profissionais e aperfeiçoar a eficiência e excelência na gestão das empresas lotadas no Brasil. A empresa agrega mais de 12 mil associados atuantes na comunidade brasileira de profissionais interessados em discutir, compartilhar, fomentar conhecimento e buscar oportunidades de trabalho. Coautor do livro "Uma Evolução Silenciosa no Gerenciamento das Empresas com Six Sigma" (Brasport, 2007) e coautor da patente metodológica do B2B *Supplier on Line Site*, patenteado pela Xerox Corporation in 2001 (USSN 09/929,376), empresa onde trabalhou durante 20 anos, gerando um retorno financeiro anual expressivo em projetos de produtividade (LSS). Como voluntário, atuou como Diretor e Conselheiro do Esporte Clube Pinheiros.

Wellington Santos de Oliveira

Formado na escola técnica de automação industrial de São Paulo, registrado no conselho regional de engenharia e agronomia, trabalhou 3 anos em gerência de terceirização de serviços. Profissional nas áreas de eletrotécnica, eletrônica, robótica, mecânica, informática intermediária e conhecimento aprofundado em áreas administrativas.

Estudioso e autodidata nas áreas da informação sobre *blockchain* e *smart contracts*, entusiasta de criptomoedas, sendo também mentor e instrutor de uma comunidade de criptoinvestidores. E por último, mas não menos importante, Fundador e CEO da CryptoGiant.com.br, uma plataforma de compra e vendas de criptomoedas por meio do *peer-to-peer* e consultoria para iniciantes no criptomercado.

Maria Gabriela Duva

Gabriela é formada em Direito pela PUC (Pontifícia Universidade Católica) de São Paulo, sendo sócia fundadora do escritório Duva e Pistoresi Sociedade de Advogados, sendo "Foreign Legal Counsel" e parceira internacional de VD&T International (Miami) e escritório parceiro de ABREU ADVOGADOS (Lisboa) <www.abreuadvogados.com>.

Com larga experiência em Direito Empresarial e Internacional, e com as recentes exigências e do processo de anticorrupção no país, Gabriela se formou em *Compliance* pelo Insper, atuando fortemente com parceiros, para implementar um "Programa de *Compliance*" nas empresas.

Gabriela também foi advogada associada responsável pela área empresarial do escritório Chermont Mussi Sandri Advogados, Diretora da filial brasileira de Verga Group, Advogada Associada De Levy & Salomão Advogados, Lyra Ranieri Advogados Associados e Richards Butler-London.

Gabriela foi responsável pela área internacional da empresa Coelho Da Fonseca Empreendimentos Imobiliários de 2010 até 2014, prestando assessoria jurídica para brasileiros com investimentos no exterior, que compreendia assessoria durante o processo de identificação do imóvel, negociação e implementação da aquisição, incluindo remessa de recursos, financiamentos, a obtenção de vistos e o acompanhamento de sua estruturação jurídica e financeira internacional perante os mais renomados escritórios de advocacia de Miami, Nova York, Portugal, França, Espanha e Londres.

Luís Oliveira

Estatístico formado pela Unicamp, Pós-Graduado em Administração de Empresas pela FGV, CQE pela ASQ, *Lead* Assessor ISO 9001, Examinador do PNQ, *Master Black Belt Lean Six Sigma*. Atua há mais de 20 anos na implementação da Gestão Estratégica, abrangendo as etapas de planejamento estratégico, diagnóstico organizacional, desdobramento de metas, gestão por diretriz e gestão da rotina. Vasta experiência na implementação de programas de excelência operacional *Lean Six Sigma* através do desenvolvimento de dezenas de *Kaizens* e projetos de melhoria *Green Belts* e *Black Belts* em diversos segmentos de indústria, serviços e em áreas administrativas. É sócio-diretor da ÓTIMA Estratégia e Gestão.

Adélio Pereira de Souza Junior

Adélio Pereira de Souza Junior, como Engenheiro Químico, Engenheiro de Qualidade e *Master Black Belt*, atuou em grandes multinacionais, tendo gerenciado diversas áreas como Gerente de Planta, Produção, Processos, Qualidade, Engenharia e Diretor da América do Sul de *Enterprise Lean Sigma*, função na qual foi responsável pela implantação e aplicação de *Lean Six Sigma*, o que resultou em prêmios mundiais em 2005, 2006 e 2007.

Nos oito últimos anos efetuou treinamento de mais de 700 *Black Belts* e *Green Belts* nos EUA e na América Latina, em empresas de diferentes ramos (industrial e serviços). Também liderou a implantação de processos de elaboração, cascateamento e gerenciamento de planejamento estratégico em diferentes empresas. Também conta com artigos de sucesso em revistas de qualidade e gestão de projetos, além de atuar como palestrante convidado em seminários nacionais e internacionais sobre temas de excelência.

Alex Urbano

Alex Urbano é pós-graduado em engenharia de software e bacharel em administração de empresas. Possui curso de extensão em finança corporativa pela Universidade de Michigan. Certificado PMP, HCMBOK e PMO-CP.

Atua no PMI (*Project Management Institute*) voluntariamente há 14 anos, onde exerceu a função de presidente do Capítulo PMI São Paulo de 2015 a 2018.

Possui larga experiência em consultoria obtida ao longo de sua carreira. É um dos sócios da NetCorp Enterprise Consulting, empresa de consultoria para projetos especiais, M&A, treinamentos, gerenciamento de projetos, programas e portfólio, implementação de PMO e análise de riscos.

Carlos Lara

Graduado em Engenharia Mecânica pela FEI, com Pós-Graduação e MBA em Logística Empresarial pela FGV, com diversos cursos de especialização, como Finanças na Fundação Dom Cabral, Administração de Materiais e Compras na Fundação Vanzolini e certificação internacional *Green Belt Lean Six Sigma* pela Xerox Corporation. Com mais de 30 anos de experiência, desenvolveu sólida carreira profissional em empresas de grande porte como Comgás, Xerox, J. Macedo Alimentos, RIPASA Celulose e Papel e Equipamentos Villares, ocupando posições executivas nas áreas de inteligência, suprimentos, materiais e logística.

Atuou em diversos projetos de custos, eficiência, inovação, implantação de áreas de logística, compras e inteligência, desenvolvimento de novos fornecedores e estratégias. Desenvolveu uma abordagem de inteligência de custos, que consiste em avaliar as estruturas de custos dos processos operacionais e de negócios, verificando sua viabilidade e seus riscos, preços, BDI e margens, considerando novas tecnologias e novos modelos de negócios.

Thiago Coutinho de Oliveira

Thiago é formado em Engenharia de Produção, pós-graduado em estatística e mestre em administração pela Universidade Federal de Juiz de Fora (UFJF). *Black Belt* em *Lean Six Sigma*, trabalhou com metodologias para redução de custos e otimização de processos na Votorantim Metais, ingressando posteriormente na MRS Logística como *trainee*, onde ocupou posições de gestor e especialista em melhoria contínua.

Com certificação *Microsoft Office Specialist* (MOS®) e Auditor *Lead Assessor* ISO 9001, atendeu a diversas empresas em projetos de consultoria, além de treinamentos e palestras relacionadas a *Lean* Seis Sigma, Carreira e Empreendedorismo em congressos de renome nacional como o ENEGEP (Encontro Nacional de Engenharia de Produção) e internacional como Congresso Internacional Six Sigma Brasil.

No ambiente acadêmico atua como professor de cursos de Graduação e Especialização nas áreas de Gestão e Empreendedorismo. Empreendedor serial, teve a oportunidade de participar de empreendimentos em diversos segmentos. Fundador do Grupo Voitto, foi selecionado no Programa Promessas Endeavor, tendo a oportunidade de receber valiosas mentorias para aceleração de seus negócios.

Atualmente é mentor de empresas e se dedica à frente executiva da Voitto, carregando com seu time a visão de ser a maior e melhor escola *on-line* de gestão do Brasil.

RICARDO CANCELA

Crédito: Zé Gabriel/Vero Alphaville

Empreendedor, palestrante, escritor, colunista, CVO (*Chief Visionary Officer*) da GBDN (*Global Business Development Networking*) e Vice-Presidente da ABIDS (Agência Brasil de Inovação e Desenvolvimento Sustentável), Ricardo Cancela possui uma vasta experiência de mais de 30 anos no mercado nacional e internacional em empresas de tecnologia de grande porte como Telefonica, IBM, Compaq, HP e Digital. Ricardo Cancela é Conselheiro em empresas de internacionais e de médio porte nas áreas de tecnologia e mercados digitais. Realiza mentoria em empresas iniciantes (*startups*) nas áreas de negócios e de investimentos. Precursor da disseminação de sistemas de inteligência artificial pelo Brasil. Indicado como destaque no mercado de tecnologia e de negócios duas vezes pela Revista Vero e reconhecido como destaque empresarial na cidade de Santana de Parnaíba. Formado em Administração de Empresas com ênfase em Sistemas de Computação, pós-graduado em Gerência Estratégica da Informação pela Escola de Engenharia da UFRJ (Coppe), com MBA em Governança Corporativa e Tecnológica pela USP (IPT) e especialização em Seis Sigma pela Vanzolini.

José Rubens Moreira Tocci

Palestrante internacional para as tecnologias de SaaS e *Cloud Computing* nos maiores eventos sobre esses temas ao redor do mundo, José Rubens M. Tocci é presidente da TechTrends – grupo de investimentos em tecnologia responsável pela implementação de várias companhias no Brasil. Com sua larga experiência na área de TI, inclusive presidindo para o Brasil e América Latina multinacionais fornecedoras de software como Borland e Micro Focus, especializou-se na "informatização da TI", ajudando companhias como Microsoft, IBM, Symantec, Sybase e HP a aumentar o sucesso em seus projetos. Graduado em Administração de Empresas e Recursos Humanos, também é coproprietário da AgroInova, E do Brasil, eResult, MarketTrends, Six Sigma Brasil e Upper-Energy.

Acompanhe a BRASPORT nas redes sociais e receba regularmente informações sobre atualizações, promoções e lançamentos.

@Brasport

/brasporteditora

/editorabrasport

/editoraBrasport

Sua sugestão será bem-vinda!

Envie uma mensagem para **marketing@brasport.com.br** informando se deseja receber nossas newsletters através do seu e-mail.

BRASPORT

+ de 200
Títulos
BRASPORT
e-Book
50% mais barato que o livro impresso.
Confira
nosso
catálogo!
À venda nos sites das melhores livrarias.

Este livro foi impresso nas oficinas gráficas da Editora Vozes Ltda.,
Rua Frei Luís, 100 – Petrópolis, RJ.